훔치고 싶은
리더들의 경영수업

처세술과 인간 심리의 바이블

Il Principe
by Niccolò Machiavelli

훔치고 싶은
리더들의 경영수업

니콜로 마키아벨리 지음
민지현 옮김

탐나는책

차례

서문

니콜로 마키아벨리는 1469년 5월 3일 피렌체에서 베르나르도 디 니콜로 마키아벨리와 바르톨로메아 디 스테파노 넬리 사이에서 태어났다. 양친이 모두 피렌체의 귀족 집안 출신이었으며, 법률가였던 그의 아버지는 뛰어난 성공을 거두지는 못했으나 지역에서 나름 좋은 평판을 받는 사람이었다.

마키아벨리의 생애는 시기적으로 세 단계로 구분할 수 있는데, 각각이 피렌체 역사의 중요한 시기와 맞물려 있다. 초년기는 피렌체가 위대한 로렌초 데 메디치의 통치 아래 전성기를 보내던 시기였다. 그러다가 메디치 가문이 몰락의 길을 걷기 시작하던 1494년, 마키아벨리는 공직 생활을 시작했다. 이때부터 피렌체는 자유 공화정 시대를 지내다가 1512년 메디치 가문이 권력을 되찾으면서 공화정 시대는 끝나고 마키아벨리는 관직에서 밀려난다. 그때부터 메디치 가문이 다시 정권에서 물러난 1527년까지가 마키아벨리로서는 가장 왕성하게 문학 활동을 하면서 영향력을 키우던 시기였다. 하지만 메디치 가문이 축출된 지 몇 주 지나지 않은 1527년 6월 21일, 마키아벨리는 복직의 꿈을 이루지 못한 채, 58세를 일기로 세상을 떠났다.

초년기 | 1469~1494년 (1~25세)

마키아벨리의 초년기 기록은 거의 남아 있지 않지만, 당시 피렌체의 역사를 살펴보면 걸출한 한 시민이 어떠한 환경 속에서 인생의 초년기를 보냈을지 짐작할 수 있다. 피렌체는 두 개의 상반되는 사회 기류가 공존했던 도시로 설명할 수 있다. 하나는 열정적이면서도 엄격한 사보나롤라가 이끄는 기류이고, 또 하나는 화려함을 지향하는 로렌초가 이끄는 기류였다. 하지만 사보나롤라가 젊은 마키아벨리에게 미친 영향은 미미했으리라 짐작된다. 그는 한때 피렌체의 재화를 움직일 수 있는 권력을 가졌지만, 마키아벨리의 《군주론》에서는 무력을 갖추지 못해 비참한 종말을 맞이한 선지자의 한 예로 등장했을 뿐이다. 반면 로렌초의 시대를 지나는 동안 메디치 가문이 보여준 위대한 지도력은 마키아벨리에게 큰 감동을 줬던 게 분명하다. 그의 글에서도 이 점이 자주 언급되었을 뿐 아니라, 그가 이《군주론》을 헌정한 사람도 바로 로렌초의 손자였기 때문이다.

그의 저서《피렌체사》를 보면, 마키아벨리는 동시대에 젊은 시절을 보낸 피렌체의 청년들을 다음과 같이 묘사하고 있다. "그들은 의복이나 생활방식에서 선대보다 자유로웠으며, 유흥이나 도박, 내기, 여자와 같은 과외의 대상에 과감하게 시간과 돈을 투자했다. 그들이 가장 중요하게 생각하는 것은 잘 차려입고 기지와 유머가 풍부한 언변을 갖추는 일이었으며, 촌철살인의 한 마디로 상대방의 폐부를 찌르는 것을 '최고의 영민함'으로 여겼다." 마키아벨리가 그의 아들에게 보낸 편지를 보면 왜 젊은 시절에 공부할 기회를 놓치지 말아야 하는지를 잘 설명하고 있는데, 이는 그 자신도 젊은 시절을 그렇게 보냈음을 짐작하게 한다. 그는 편지에 이렇게 적고 있다. "네 편지를 받고 무척 기뻤다. 특히 네가 건강을 되찾았다는 말이 다른 어떤 소식보다도 반갑구나. 신이 너에게 생명을 주신 것은 너를 훌륭한 사람으로 만들기 위해서였을 테니 부디 네 몫을 다하여 그 뜻을 이루기 바란다." 그런 다음 새 후원자에 관한 이야기로 편지를 이어갔다. "이는 너에게 잘된 일이나, 너도 열심히 공부해야 한다. 이제 더 이상 건강을 핑계 삼을 수 없으니 글공부와 음악 공부에 힘써야 할 것이다. 내가 가진 소소한 재주가 나에게 가져다준 영예를 생각한다면 너도 내 말을 이해할 것이다. 그러므로 아들아, 나를 기쁘게 하고 너 자신을 영예롭게 하려거든, 행동을 올바르게 하고 열심히 공부하여라. 네가 스스로 노력할 때 남들도 너를 도울 것이다."

공직 생활 | 1494~1512년 (25~43세)

마키아벨리의 생애 두 번째 시기는 메디치 가문이 추방되던 1494년부터 그들이 다시 돌아와 권력을 잡은 1512년까지로, 그가 전성기를 맞은 피렌체의 자유 공화정 하에서 공직에 몸담아 왕성하게 활동했던 때이다. 관청에서 4년간 복무한 마키아벨리는 '자유와 평화 10인 위원회'의 제2 서기관직에 임명되었는데, 이때부터 그가 어떠한 삶을 살았는지는 매우 확실한 자료들을 통해 살펴볼 수 있다. 그가 공화국의 핵심 임무를 담당했던 만큼, 공화국의 법령과 기록, 그의 자필 서신이나 글 등 그의 발자취를 찾아볼 수 있는 자료들이 많이 남아 있기 때문이다. 그가 당시의 정치가, 군인들과 가졌던 관계나 행적을 간단히 살펴보는 것만으로도 당시 그의 활동상을 엿볼 수 있으며, 그의 저서 《군주론》에도 그가 경험한 일과 그가 만난 인물이 잘 그려져 있다.

마키아벨리는 1499년 첫 번째 임무를 부여받고, 《군주론》에서 '포를리 백작 부인'으로 지칭되는 카테리나 스포르차의 궁정에 파견되었다. 그리고 그곳에서 그녀의 행적과 운명을 지켜보면서 튼튼한 요새를 갖는 것보다 백성의 신뢰를 얻는 것이 훨씬 더 중요하다는 교훈을 얻었다. 마키아벨리는 이를 매우 중요한 원칙으로 꼽았으며, 군주가 갖추어야 할 중요한 덕목으로 재차 강조했다.

1500년에는 피사와의 전쟁을 계속하는 일과 관련하여 루이 12세로부터 우호적인 협상을 끌어내는 임무를 맡고 프랑스에 파견되었다. 루이 왕은 이탈리아에서 다섯 가지 중대한 실수를 저지르고 결국 쫓겨나는데, 마키아벨리는 《군주론》에서 이를 조목조목 지적하고 있다. 또한 루이 12세는 교황 알렉산데르 6세를 지지하는 조건으로 자기 결혼을 해체해 달라고 요구하기도 했는데, 마키아벨리는 군주가 어디까지 신의를 지켜야 하는가를 이야기하면서 이러한 약속을 지키는 일에 관해 언급했다.

마키아벨리의 공직 생활 동안 일어난 주요 사건들은 대부분 교황 알렉산데르 6세와 그의 아들 체사레 보르자, 즉 발렌티노 공작의 야욕에 연유한 것이 대부분이었으며, 《군주론》에도 두 인물에 관한 이야기가 상당 부분을 차지한다. 마키아벨리는 영토를 장악하고 이를 지키려는 군주에게 유익이 되는 말을 전하기 위해 발렌티노 공작의 행적을 예로 들었는데, 이는 체사레 보르자의 행적보다 더 훌륭한 모범이 되는 예는 없다고 생각했기 때문이다. 그러한 이유로 일부 비평가들은 체사레 보르자를 《군주론》의 '주인공'이라고 일컫는다. 하지만 그의 전혀 다른 일면을 보는 사람들도 있는데, 그들은 체사레 보르자를 다른 사람의 운에 기대어 출세하고 그 운이 다했을 때 함께 몰락한 사람, 신중한 사람다운 모든 행동 양식을 지녔으되, 정작 그 자신에게 유리한 것들을 갖추지 못한 사람, 일어날 수 있는 모든 상황에 대비하면서도 정작 일어날 일은 대비하지 못했던 사람, 자신의 역량 부족으로 실패했으면서도 그 사실을 받아들이지 못하고 예기치 못한 치명적 불운의 탓으로 돌리는 사람으로 평가한다.

1503년 비오 3세가 사망하자, 마키아벨리는 로마에 파견되어 차기 교황 선출과정을 지켜보게 되었다. 그리고 거기서 체사레 보르자가 속임수에 빠져 추기경 선거단이 자기를 가장 두려워할 줄리아노 델라 로베레(율리우스 2세)를 선택하도록 허용하는 것을 목격했다. 마키아벨리는 이 선거에 관해 언급하면서, 누군가에게 호의를 베풀어 예전에 그에게 주었던 상처를 덮을 수 있다고 생각한다면 자신을 기만하는 것이라고 했다. 실제로 율리우스 2세는 체사레 보르자가 몰락하는 순간까지 그를 몰아낼 궁리를 멈추지 않았다.

1506년에 마키아벨리는 교황 율리우스 2세에게 파견되었다. 당시 교황이 볼로냐를 상대로 원정 사업을 시작했기 때문이다. 열정적이고 맹렬한 성품 덕에 그동안 추진했던 원정 사업을 승리로 이끌었던 율리우스 2세는 이번에도 성공적인 결과를 끌어냈다.《군주론》에서 마키아벨리는 교황 율리우스의 이야기를 하면서 운명과 여성의 유사성을 비유로 들었는데, 이 둘을 모두 차지하는 사람은 신중한 사람이 아니라 대담하고 용기 있는 사람이라고 했다.

1507년 이탈리아 국가들의 굴곡진 운명을 여기서 다 살펴보는 것은 불가능하다. 당시 이탈리아는 프랑스, 스페인, 독일의 지배를 받았으며 그 결과는 오늘날에도 이어지고 있기 때문이다. 우리가 관심을 가지는 것은 그중에서도 마키아벨리의 삶에 영향을 미쳤던 사건들과 거기서 중요한 역할을 담당했던 세 명의 인물이다. 우선 프랑스의 루이 12세는 마키아벨리가 여러 번 만났으며, 그의 성품에 대해서는 이미 암시적으로 언급한 바 있다. 그다음은 아라곤의 페르디난드이다. 그에 대해서 마키아벨리는, 종교라는 이름으로 위대한 업적을 이루었지만, 무자비하고 신앙심도 없으며 비인간적이고 교활한 사람으로 묘사한다. 그리고 페르디난드가 자신의 성품이 이끄는 대로 행동했더라면 몰락했을 것이라고 결론을 내린다. 막시밀리안 황제는 그 시대를 통틀어 가장 흥미로운 사람이었으며, 많은 사람이 그의 성품에 관해 언급했다. 하지만 1507~1508년 사이에 그의 궁정에 사절로 파견되었던 마키아벨리는 그를 음흉스러운 사람으로 묘사하면서, 그 시절에 파악할 수 있었던 그의 은밀한 실책들을 밝힌다. 또한 계획을 실행하는 데 필요한 강한 인성을 지니지 못했으며, 뜻하는 바를 이루려는 의지가 부족했던 인물로 평가한다.

마키아벨리가 공직에 몸담았던 나머지 기간은 캉브레 동맹과 관련하여 일어난 사건들로 채워진다. 캉브레 동맹은 1508년에 앞서 언급한 유럽의 세 강국과 교황 사이에 맺어졌으며, 그 목적은 베네치아 공국을 무너뜨리는 것이었다. 이는 바일라 전투로 이어졌으며, 베니스가 800년에 걸쳐 얻은 모든 것을 하루 만에 잃어버리는 결과를 가져왔다. 이 시기에 피렌체는 교황과 프랑스 사이에 갈등이 불거지면서 몹시 힘든 상황에 놓였는데, 프랑스와의 우호 관계가 공화국의 모든 정책을 좌우하는 상황이었기 때문이다. 1511년에는 율리우스 2세가 프랑스에 대항하여 신성동맹을 결성하고 스위스의 지원을 받아 프랑스를 이탈리아에서 몰아냈다. 마침내 피렌체는 교황의 자비에 맡겨졌으며 그의 지시를 따라야 했는데, 그중 하나가 메디치 가문을 복귀시키는 일이었다. 그리하여 1512년 9월 메디치 가문이 피렌체로 돌아왔으며, 이는 곧 공화국의 몰락을 의미했다. 또한 마키아벨리와 그의 측근들도 관직에서 물러났으며, 마키아벨리는 다시 직위에 복귀하지 못하고 세상을 떠났으므로 그의 공직 생활도 이때 끝난 것이다.

문학 활동 및 사망 | 1512~1527년 (43~58세)

마키아벨리는 메디치 가문이 복권한 후에도 피렌체의 새로운 통치자 밑에서 공직 생활을 이어가기를 희망했지만, 1512년 11월 7일에 새 법령이 발표되면서 물러나야 했다. 그리고 얼마 지나지 않아 메디치 가문에 대한 음모를 꾀했다는 죄목으로 투옥되어 고문과 심문을 받았다. 그 후 새로운 메디치가의 인물인 레오 10세의 사면으로 석방된 마키아벨리는 피렌체 근처의 산 카시아노에 있는 작은 거처에 은신하며 문학 활동에 전념했다. 그가 피렌체의 정치가 프란체스코 베토리에게 보낸 1513년 12월 13일자 서신에는 이 시기 그의 일상을 흥미롭게 묘사하고 있는데, 이 글에는 그가 《군주론》을 쓰게 된 동기와 방법이 상세히 설명되어 있다. 가족, 이웃들과 보내는 일상을 언급하고 나서 그는 다음과 같이 썼다. "저녁이 되면 저는 집으로 돌아와 서재로 들어갑니다. 들어가기 전에 우선 먼지와 흙으로 덮인 작업복을 벗고 궁정에서 입던 의관을 갖춰 입지요. 그러면 저는 다시 예전의 궁정으로 돌아가는 것 같습니다. 거기서 그들의 환대를 받고 저를 위해 준비된 음식을 먹고, 그들과 거침없이 이야기를 나누며, 그들이 취한 어떤 행위에 관해 그 이유를 묻기도 합니다. 그러면 그들은 자상하게 그 이유를 설명해주곤 하지요. 그렇게 네 시간 정도를 보내도 저는 전혀 피곤하지 않습니다. 오히려 모든 근심이 사라지고 가난조차도 저를 불행하게 하지 않으며, 죽음도 두렵지 않습니다. 저는 그 위대한 인물들에게 완전히 사로잡혀 있습니다. 단테도 다음과 같이 말하지 않았습니까. '배운 것을 잘 보존하면 지식이 되지만, 그렇지 못하면 열매를 맺지 못한다.' 그래서 저도 그들과의 대화를 통해 배운 것들을 정리하고, 그것을 토대로 '군주국'에 관해 소소한 글을 써 보았습니다. 그 글에는 군주국이란 무엇이고, 어떤 유형들이 있으며, 어떻게 획득하고 어떻게 유지하며, 그것을 잃게 되는 원인은 무엇인가에 관하여 제가 깊이 고찰한 것들을 모두 적어 놓았습니다. 그동안 나의 사고를 통해 나온 결과물 중에 당신의 마음을 움직인 것들이 있었다면 이 글 역시 실망을 안겨드리지 않을 것입니다. 그리고 군주, 특히 신흥 군주들에게도 도움이 될 것이므로, 저는 이 글을 줄리아노 전하께 헌정할 생각입니다. 필리포 카사베키아도 저의 글을 읽었으니 그 안에 어떤 내용이 적혀 있는지 당신에게 말해줄 수 있을 것입니다. 더불어 그것에 관해 저와 나눈 이야기도 함께 말이지요. 저는 지금도 여전히 그 글을 검토하면서 다듬는 중입니다."

여기서 말하는 '소소한 글'은 오늘날 우리가 읽을 수 있게 되기까지 많은 우여곡절을 겪어야 했다. 마키아벨리는 그 책을 쓰는 동안 외부의 영향으로 다양한 정신적 변화를 겪었으며, 책의 제목과 후원자도 바뀌었다. 그리고 무슨 이유에선지, 그 책은 마키아벨리가 원래 헌정하려고 했던 대인 로렌초의 손자인 로렌초 디 피에로 데 메디치에게 헌정되었다. 마키아벨리는 책을 우편으로 보내야 할지, 아니면 직접 전달해야 할지를 카사베키오와 의논했지만, 실제로 로렌초가 책을 받거나 읽었는지는 확인되지 않았다. 또한 마키아벨리에게 관직을 제의하는 일도 일어나지 않았다. 그의 생전에 이 책의 내용을 차용한 글들이 나오기도 했지만, 마키아벨리는 그의 생전에 자신의《군주론》을 출간하지 못했으며, 그 원문에 관해서도 여전히 논란의 여지가 남아 있다.

마키아벨리는 베토리에게 보내는 서신을 다음과 같이 맺고 있다. "그들이 저의 글을 읽어보기만 한다면 제가 지난 15년 동안 국가 통치술에 관하여 쉬지 않고 얼마나 열심히 연구했는지 알 수 있을 것입니다. 사람은 누구나 다른 사람의 경험을 통해 식견을 넓힌 사람을 옆에 두고 싶어 한다고 생각합니다. 저의 충성심에 대해서는 누구도 의심할 수 없을 것으로 생각합니다. 평생 신의를 지키며 살아왔는데 새삼스레 어찌 그걸 깨뜨릴 수 있겠습니까. 저처럼 평생 진실하고 정직했던 사람이 말년에 본성을 바꿀 수는 없으며, 제가 지금 겪고 있는 빈곤이 저의 그 정직함을 대변해 주고 있습니다."

마키아벨리는《군주론》을 완성하기 전에 티투스 리비우스의《로마사》의 처음 10권에 대한 논평서인《로마사 논고》를 쓰기 시작했는데, 이 또한《군주론》과 함께 읽어봐야 할 책이다. 마키아벨리는 이 책들과 그 밖에 소소한 글쓰기로 세월을 보내다가 1518년에 제노바에 있는 몇몇 피렌체 상인들의 일을 살펴주는 일을 맡게 되었다. 그 후 1519년 메디치 가문의 통치자들은 시민들에게 몇 가지 정치적 타협안을 제시하게 되었는데, 이때 마키아벨리는 다른 몇 사람과 함께 대평의회를 복원시키는 계획의 근거가 될 새로운 헌법의 자문을 맡게 되었다. 하지만 이런저런 이유로 인하여 그 헌법은 끝내 공포되지 않았다.

1520년 피렌체 상인들은 루카와의 분쟁을 해결하기 위해 마키아벨리에게 도움을 청하기도 했지만, 이 시기는 그가 몹시 바라던 피렌체 문학계에 다시 입성하는 해였으며 《전술론》을 완성한 해이기도 하다. 같은 해에 메디치 추기경의 요청으로 《피렌체사》를 집필하게 되었는데, 이 작업은 1525년까지 이어졌다. 마키아벨리가 대중에게 인지도를 얻기 시작하자 메디치가에서도 그에게 이 일을 맡기기로 한 것이라 볼 수 있다. 어느 늙은 작가가 남긴 말처럼, "일선에서 물러난 유능한 정치인에게 빈 깡통이라도 주어서 소일거리를 만들어주지 않으면, 거대한 고래처럼 배를 뒤집으려 들지도 모른다."라는 통찰을 염두에 둔 것인지도 모른다.

《피렌체사》를 완성한 마키아벨리는 그것을 후원자인 줄리아노 데 메디치에게 전하기 위해 로마로 가져갔다. 하지만 줄리아노 데 메디치는 클레멘스 7세의 칭호를 받고 이미 교황의 자리에 즉위한 후였다. 메디치 가문이 피렌체에서 또다시 권력을 장악했던 1513년에 새 군주에게 가르침을 주기 위해 《군주론》을 썼던 마키아벨리가, 피렌체의 몰락을 앞둔 1525년 메디치 가문의 수장에게 《피렌체사》를 헌정했다는 사실은 특기할 만하다. 그해에 있었던 파비아 전투는 이탈리아에서 프랑스의 세력을 몰아냈으며, 프랑수아 1세는 그의 위대한 경쟁자였던 샤를 5세의 손에 포로가 되었다. 거기에 피렌체의 다수 세력이 메디치 가문에 반기를 들었으며, 메디치 가문이 또다시 축출되었다는 소식이 전해지자 로마가 약탈당하는 사건이 잇달았다.

당시 피렌체를 떠나 있던 마키아벨리는 '자유와 평화의 10인 위원회' 서기직을 바라고 서둘러 피렌체로 돌아왔지만, 안타깝게도 피렌체에 도착한 후 병에 걸려 1527년 6월 21일에 사망했다.

인간 마키아벨리와 《군주론》

마키아벨리가 어디에 잠들어 있는지는 아무도 알지 못한다. 하지만 피렌체의 산타 크로체에는 그를 위한 웅장한 기념비가 오늘날까지 남아 있다. 그리고 그 곁에는 피렌체의 빼어난 아들들이 함께 자리하고 있다. 남들이 그의 작품을 어떻게 평가하든 이탈리아는 그의 작품에서, 유럽 열강들 사이에 피어날 이탈리아의 르네상스와 국가 통합의 씨앗을 발견했기 때문일 것이다. 마키아벨리에 대한 세상의 비판적 평가를 부정하려는 시도는 무용할지 모르지만, 여기서 한 번 짚고 넘어가야 할 것은, 그의 지론에 비판적 평가를 쏟아지게 하는 부정적이고 가혹한 해석은 당대에 나온 것이 아니라는 사실이다. 하지만 근래에 들어서는 학자들이 그의 작품을 깊이 있게 연구하면서 그의 작품을 좀 더 논리적으로 해석할 수 있는 토대가 마련되었으며, 그동안 사람들의 시야를 가리고 있던 '불경스러운 주술사' 같은 그의 이미지가 거두어진 것도 이러한 연구와 고찰 덕분이다.

마키아벨리가 대단한 관찰력과 정확성, 근면성을 갖춘 인물이었음은 의심할 여지가 없다. 눈앞에 지나가는 모든 것을 세심하게 살펴보았다가, 강제로 공직에서 물러나게 된 후 뛰어난 문학적 재능으로 그것들을 기록했다. 하지만 마키아벨리는 그 자신을 대단한 인물로 내세우지 않았으며, 그의 동시대인들도 그를 특출난 인물이나 성공적인 정치가, 또는 작가로 평가하지 않았다. 몇 차례의 외교 업무나 관리직에서 그저 그런 정도의 성공을 거두었을 뿐이기 때문이다. 마키아벨리는 카테리나 스포르차를 만나서는 그녀에게 기만당했고, 루이 12세에게는 무시당했다. 또한 그는 체사레 보르자는 평생 경외하며 두려워했다. 외교 사절의 임무를 띠고 여러 궁정에 파견되었지만 실패를 맛보기도 했다. 피렌체의 안보를 강화하려는 시도도 실패했고, 그가 키우려던 군대는 모두를 당황하게 할 정도로 비겁하고 무력했다. 그는 자기 일을 처리함에서도 소심하고 더딘 사람이었다. 소데리니에게 그렇게 많은 신세를 졌으면서도 그가 자기를 해칠까 봐 감히 그의 곁에 가까이 가지 못했다. 마키아벨리와 메디치 가문의 유대는 확인할 수 없다. 줄리아노가 그를 관직에 등용하지 않으면서도 《피렌체사》 집필을 맡긴 걸 보면 그의 능력을 알아보았던 것 같기는 하다. 그것은 바로 문학적 능력이었고, 그 점에 있어서만은 오늘날 우리가 보기에도 부족함이 없다.

《군주론》은 지금까지 5세기 가까운 세월 동안 집중적인 관심을 받으며 연구되어 왔지만, 여전히 논쟁의 여지와 흥밋거리가 남아 있다. 왜냐하면 이는 통치당하는 자와 통치하는 자 사이에 존재하는 영원한 갈등에 관한 이야기이기 때문이다. 그 속에 들어 있는 윤리가 마키아벨리 시대의 윤리이기는 하지만, 오늘날 유럽의 여러 국가가 도덕의 힘보다는 물질적 가치를 중시하는 한, 그것들은 여전히 유효하다. 《군주론》에 나오는 사건과 인물은 마키아벨리가 국가 통치에 관한 그의 지론과 행할 바를 설명하기 위한 예제로 사용하면서 더욱 의미심장하고 흥미로워진다.

마키아벨리의 《군주론》은 일부 유럽과 동방의 국가들이 여전히 채택하는 구시대의 행동 강령들을 배제하고, 역사의 어느 대목에서도 입증될 수 있는 진리를 담고 있다. 사람들은 알렉산데르 6세 때와 마찬가지로 지금도 여전히 단순하고 탐욕스럽다. 종교라는 가림막은 마키아벨리가 아라곤의 페르디난드의 성품에서 드러낸 것과 같은 악덕들을 오늘날에도 여전히 가려준다. 사람들은 사실을 있는 그대로 보지 않고 자기들이 원하는 것만을 보려다 몰락한다. 그러므로 정치를 하는 데에 완벽하게 안전한 길은 없으며, 신중함이란 가장 덜 위험한 것을 선택하는 행위다. 하지만 한 단계 더 나아가고자 한다면 마키아벨리의 말에 귀를 기울여 보자. 그는 범죄 행위를 통해 제국을 획득할 수는 있지만, 영광을 얻을 수는 없다고 강조한다. 또한 필요한 전쟁도 여전히 전쟁이며, 국가의 무력은 싸우는 것 외에 다른 방법이 없는 경우에만 신성하다고 강조한다.

정부가 살아 있는 도덕적 권력체로 격상되어 사회의 기본 원칙을 인정함으로써, 백성의 정신을 고무할 수 있게 된 것은 마키아벨리 시대보다 훨씬 후의 일이며,《군주론》이 그에 기여한 바는 미미하다. 마키아벨리는 사람이든 정부든 항상 그가 보는 대로 쓰려고 했으며 그의 글에 가치를 부여하는 것은 그의 뛰어난 문장력과 통찰이었다. 하지만《군주론》에 단순히 문학적이고 역사적인 관심 이상의 가치를 부여하는 것은, 당대에 여전히 통치자의 자리에서 나라를 이끄는 군주와 왕들에 관해 논란의 여지가 없는 진실을 다루고 있다는 점이다.

헌정사

위대하신 로렌초 디 피에로 데 메디치 전하께 올립니다.

군주의 은혜를 받고자 하는 사람은 가장 귀중한 물건이나 군주가 보고 기꺼워할 것을 가지고 뵈러 가는 것이 관례입니다. 그러므로 말이나 병기, 금박 입힌 옷, 보석 등 군주의 기품에 걸맞은 물건들이 그에게 바쳐지는 것입니다.

저 또한 전하에 대한 충성의 증표를 가지고 전하를 뵙고자 하오나, 가진 것 중에 가치 있는 것이라고는 작금에 일어난 사건들과 관련하여 쌓아온 오랜 경험, 그리고 지속적인 고대사 연구를 통해 얻은 위대한 인물들의 행적에 관한 지식뿐입니다. 저는 그것들을 오랜 시간 깊이 성찰하여 작은 책자로 정리하였사온데, 그것을 이제 전하께 바치고자 합니다.

혹시 전하께서 받으시기에 미흡한 것이 아닐까 염려하면서도, 제가 전하께 드릴 수 있는 것 중에 제가 수년 동안 많은 역경과 위험을 지나면서 배운 것을 짧은 시간에 이해하실 기회를 드리는 것보다 나은 것은 없을 것이므로, 인자하신 전하께서 저의 뜻을 헤아리시어 받아주시리라고 기대해 봅니다. 이 글을 쓰면서 저는 사람들이 글을 쓸 때 흔히 하듯이 과장되고 거창한 단어를 사용하거나, 복잡하고 화려한 미사여구를 만들어내려고 애쓰지 않았으며, 불필요한 비유나 수식어를 자제했습니다. 오로지 이 글에 담긴 진실과 중요성을 보시고 받아들여 주시기를 바랐을 뿐, 그러한 장식적 효과들로 전하의 관심을 끄는 것을 바라지 않았기 때문입니다.

저는 미천한 백성이 감히 군주의 일을 논하는 것이 주제넘은 일이라고 생각하는 사람들에 동조하지 않습니다. 풍경을 그리려면 평원에 낮게 서서 산과 높은 지형의 생김새를 관망해야 하며, 평원을 관망하기 위해서는 높은 산에 올라야 하듯이, 백성의 본성을 이해하려면 군주가 되어야 하며, 군주 됨의 본질을 이해하기 위해서는 백성이 되어야 하기 때문입니다.

그러하오니, 전하, 저의 심정을 헤아리셔서 소소한 이 선물을 받아주십시오. 전하께서 이 책자를 틈틈이 읽고 그 뜻을 살피신다면 전하의 천운과 고결한 덕망에 걸맞은 위대한 업적을 이루시기를 바라는 저의 진심을 보게 되실 것입니다. 또한 한없이 높은 자리에 계신 전하께서 때때로 눈길을 돌려 이 낮은 자리를 봐주신다면 제가 얼마나 지속적이고 부당하게 운명의 학대를 받고 있는지 알게 되실 것입니다.

1장

군주국에는
얼마나 다양한 형태가 있으며,
어떻게 세워지는가

지금까지 백성을 통치했거나 통치하고 있는 국가와 권력 체제는 공화국 아니면 군주국입니다.

그리고 군주국에는 한 가문이 오랜 전통을 가지고 다스려온 세습 군주국과 신생 군주국이 있습니다.

신생 군주국이라면 프란체스코 스포르차의 밀라노처럼 완전히 새롭게 탄생한 국가이거나 스페인의 왕이 통치했던 나폴리 왕국처럼 군주가 세습하여 통치해 오던 국가에 정복당하여 편입된 형태일 것입니다.

그렇게 얻어진 영토 중에는 군주의 통치를 받으며 사는

데에 익숙한 지역도 있고, 자유롭게 사는 데에 익숙한 지역도 있습니다. 군주가 영토를 획득하는 방법으로는 자기 군대를 동원하거나 타인의 무력을 이용하는 경우가 있고, 운명에 의해서 또는 자신의 역량으로 차지하는 경우가 있습니다.

2장

세습 군주국에
대하여

공화국에 대한 언급은 다른 곳에서 상세히 논한 바 있으므로 배제하고, 여기서는 군주국에 대해서만 다루도록 하겠습니다. 그러므로 앞에서 제시한 순서에 따라 군주국이 어떻게 통치되고 보존되어야 하는지에 대하여 논의할 것입니다.

세습 국가에서 그 군주의 가문에 오랫동안 익숙해진 국민을 통치하는 것은 신생 국가를 통치하는 것보다 훨씬 용이합니다. 선대의 관습을 거스르지 않으면서 돌발 상황이 벌어질 때마다 적절히 대처하면 되기 때문입니다. 그러므로 평균 정도의 통치력을 갖춘 군주라면 이례적으로 강력한 어떤 힘에 의해 그 통치권을 빼앗기지 않는 한, 그의 국가를 다스리는 데 아무런 문제가 없을 것입니다. 만약에 통치권을 빼앗긴다고 해도, 어떤 일로든 그 정복자가 곤경에 처하면 곧바로 잃었던 권력을 되찾을 수 있습니다.

우리 이탈리아의 페라라 공작을 예로 들어 보겠습니다. 그가 이미 오랫동안 자신의 영토를 통치해 오지 않았더라면 1484년에 있었던 베네치아인들의 공격과 1510년에 있었던 교황 율리우스의 공격을 물리치지 못했을 것입니다. 세습 군주는 굳이 백성들의 반감을 살 이유나 필요가 없기 때문에 백성들과의 관계가 우호적이며, 백성들도 자연히 군주를 좋아하고 따르게 됩니다. 그러므로 특별히 미움을 살 만큼 사악한 행동을 하지 않는 한, 백성들은 그들의 군주에게 호의적입니다. 또한 그의 통치가 오래 지속될수록 예전에 겪었던 변화에 대한 기억과 원인은 잊힙니다. 어떠한 변화든 또 다른 변화의 빌미를 만들기 때문입니다.

3장

혼합 군주국에
대하여

반면에 신생 군주국을 통치하는 데는 어려움이 따릅니다. 먼저 완전한 신생국이 아니라 기존 국가에 편입된 경우, 이를 혼합 군주국이라 부르는데, 이러한 형태의 신생 군주국은 자연적으로 내재하는 어려움 때문에 변화를 겪게 됩니다. 백성들은 통치자를 바꾸어서 자기들의 삶이 더 나아진다면 그렇게 하기를 원하기 때문입니다. 그러한 희망은 무력적인 항거도 불사하게 하지만 결국 백성들은 스스로 속는 것이며, 종국에는 자기들의 불운한 상황이 더 악화됐을 뿐이라는 사실을 경험으로 깨닫게 될 것입니다. 이러한 상황은 대부분

자연적인 필요에서 비롯되는데, 신생 군주는 군대를 동원하거나 그 외의 수많은 가혹한 방법으로 새로 편입된 영토의 백성들을 압박할 수밖에 없기 때문입니다.

이렇게 당신은 군주국을 확장하는 과정에서 피해를 준 사람들을 적으로 만들게 되며, 당신을 그 자리에 있게 하는 데 공헌한 사람들의 기대를 충족시켜 주지 못함으로써 그들과의 친분도 유지하지 못하게 됩니다. 하지만 당신은 그들에게 신세를 진 셈이기 때문에 강력하게 대응할 수 없습니다. 그러므로 신생 군주국의 군주는 강력한 군대를 가지고 있다고 해도, 새로운 지역을 영입할 때는 반드시 그 지역 주민들의 호의를 얻어야만 합니다.

단시간에 밀라노를 병합했던 프랑스의 루이 12세가 순식간에 그것을 다시 잃은 것은 바로 이러한 이유 때문이었습니다. 그리고 루도비코*는 첫 번째 방어전에서 자신의 군대만으로 루이 12세를 몰아낼 수 있었습니다. 루이 12세에게 성문을 열어주었던 사람들은 그에게 걸었던 자기들의 기대가 헛된 것이었음을 깨닫고 나서는 새 군주의 가혹한 처사

---

* 여기서 루도비코 공작은 프란체스코 스포르차의 아들로 베아트리체 데스테와 결혼한 루도비코 모로를 말한다. 1494년부터 1500년까지 밀라노를 통치했으며 1510년에 사망했다.

를 참으려 하지 않았습니다. 하지만 일단 반란을 일으켰던 지역을 평정하고 나면 좀처럼 다시 잃지 않습니다. 새 군주는 자신이 겪은 봉기의 경험을 거울삼아 혐의가 있어 보이는 자들을 솎아내고 의무를 이행하지 않는 주민들을 탄압하는 데 만전을 기하기 때문입니다. 이는 자기가 취약할 수 있는 지역에서 권력을 굳건히 하기 위해서입니다. 루도비코 공작도 처음 프랑스를 밀라노에서 밀어낼 때는 국경에서 소요를 일으키는 것만으로도 충분했지만, 두 번째로 프랑스를 물리칠 때는, 앞서 말한 이유로, 주변 국가의 힘을 합하여 프랑스 왕의 군대에 대적해야 했습니다.

그런데도 프랑스는 두 번 다 밀라노를 다시 잃었습니다. 처음 밀라노를 잃었던 이유는 위에서 이미 언급했으므로, 이제 두 번째 이유를 살펴보면서, 프랑스의 왕에게는 어떤 자원이 있었으며, 그와 같은 상황에 부닥쳤을 때 어떻게 하면 보다 안정적으로 자신이 획득한 땅을 지킬 수 있었을지를 생각해야 합니다.

먼저 그가 획득해서 본래 다스려온 영토에 병합한 지역이 동일한 언어를 사용하는 동일한 지역인지를 고려해야 합니다. 그런 경우라면 통치하기가 훨씬 수월할 것이며, 주민들이 자치에 익숙하지 않은 곳이라면 더욱 그럴 것입니다. 그런 경우에는 그 지역을 통치해온 군주 일가를 제거하는 것만으로도 충분합니다. 오랜 전통을 그대로 유지할 수 있고, 관습이 다르지 않다면 사람들은 평화롭게 공생할 수 있기 때문입니다. 이는 오랫동안 프랑스에 병합되어 살아온 브르타뉴와 부르고뉴, 가스코뉴, 노르망디의 예를 보면 알 수 있습니다. 비록 언어의 차이는 다소 있었지만 관습이 같았기 때문에 사람들은 어려움 없이 살아갈 수 있습니다. 영토를 병합하고 주민들을 통치하려는 군주는 두 가지를 염두에 두어야 합니다. 하나는 이전 통치자의 일가를 제거해야 한다는 것이며, 또 하나는 새로 병합한 지역의 법규나 세금 제도를 바꾸지 말아야 한다는 것입니다. 그렇게만 한다면 새로 병합된 지역은 빠른 시일 안에 본래의 영토와 하나가 될 수 있습니다.

그러나 언어와 관습, 법규가 다른 지역을 병합했을 때는 어려움이 따릅니다. 그런 지역을 통치하기 위해서는 운도 따라주어야겠지만 우선은 큰 노력을 기울여야 하는데, 그중에도 가장 강력하고 실질적인 효과를 가져오는 방법의 하나는 그 지역을 정복한 군주가 친히 가서 그곳에 정주하는 것입니다. 그렇게 한다면 군주로서 그의 위치는 더욱 확고해질 것입니다. 튀르크가 그리스에서 바로 그러한 예를 보여준 것입니다. 튀르크의 군주가 그리스를 통합하기 위해 다른 모든 정책을 행했어도 그가 그곳에 정주하지 않았더라면 통치권을 유지할 수 없었을 것입니다. 군주가 새로 병합된 지역에 직접 가서 산다면 소요가 일어나더라도 곧바로 알아차리고 제압할 수 있지만, 가까이 있지 않으면 상황이 악화한 후에 연락을 받게 될 것이므로 효과적으로 대응할 수 없기 때문입니다. 또한 관원들은 백성을 수탈하지 못할 것이며, 백성들은 문제가 생겼을 경우 즉시 군주에게 고할 수 있으므로 만족할 것입니다. 그러므로 선의를 가진 백성들은 군주에게 더욱 호의적일 이유가 생기는 것이며, 다른 의도를 가진 백성들은 군주를 두려워하게 되고, 외부에서 공격할 기회를 엿보는 자들은 최대한 조심하려 들 것입니다. 그러므로 군주가 새 정복지에 정주하는 한, 그것을 다시 빼앗길 위험은 매우 적습니다.

그보다 더 좋은 방법은 정복한 국가의 요지를 한두 군데 정해서 식민을 파견하고 식민지를 건설하는 것입니다. 그러지 않으려면 대규모의 기병이나 보병대를 주둔시켜야 합니다. 하지만 식민을 보내서 정착시키는 데는 큰 비용이 들지 않으므로 군주는 아주 적은 비용으로 식민지를 통치할 수 있으며, 이주민들을 위해 땅과 집을 내놓아야 하는 소수의 백성만이 약간의 피해를 볼 것입니다. 하지만 그렇게 피해를 본 자들은 가난에 빠져 뿔뿔이 흩어질 것이므로 군주에게 해를 입히지 못할 것이며, 피해를 보지 않은 백성들은 자기들에게도 그러한 피해가 올까 봐 두려워하면서 조용히 살 것입니다. 결론적으로 말씀드리면, 식민을 보내서 정착시키는 데는 큰 비용이 들지 않으며, 군주에 대한 충성도도 높고, 지역 주민들에게 주는 피해도 적습니다. 그뿐 아니라, 피해를 본 자들은 가난한 채 뿔뿔이 흩어져 살 것이므로 군주에게 위험 요소가 되지 못합니다. 이때 주의를 기울여야 할 것은 백성을 대할 때 전적으로 호의를 베풀거나 완전히 짓밟거나 둘 중 하나를 택해야 한다는 사실입니다. 어설프게 밟으면 복수하려고 들지만, 완전히 짓밟으면 그러지 못합니다. 그러므로 가혹하게 대할 거라면 감히 복수를 도모하지 못하도록 완전히 짓밟아야 합니다.

식민지 대신 군대를 주둔시킨다면 훨씬 큰 비용이 들 것입니다. 그 영토에서 들어오는 수익은 모두 주둔군을 유지하는 데 써야 하므로 영토를 획득한 것이 오히려 손실을 초래하게 되며, 그 피해가 국가 전체에 미치게 되므로 훨씬 많은 사람이 분노할 것입니다. 주둔군이 이리저리 옮겨 다님에 따라 백성들 전체가 어려움을 겪게 되고, 점차 모두가 적대감을 가지게 될 뿐 아니라 자기들의 터전에서 짓밟힌 사람 중에 아직 힘이 남아 있는 사람들은 군주에게 적이 될 수도 있습니다. 그러므로 여러 요소를 고려해 볼 때 군대를 주둔시키는 일은 식민지를 건설하는 일만큼 유용하지 않습니다.

또한 언어와 풍습이 다른 지역의 영토를 정복한 군주는 스스로 주변 약소국의 수장이 되어 그들을 보호함과 동시에 그들 중 가장 강한 자를 약화해서 다른 어떤 강자도 그 영토에 발을 들여놓는 일이 없도록 해야 합니다. 아이톨리아인들이 그리스에 로마인들을 끌어들인 것처럼, 지나친 야심이나 두려움을 품은 자들이 외부의 강한 세력을 끌어들일 위험은 항상 도사리고 있습니다. 로마인이 침입해 들어간 모든 영토에서 그들을 도운 것은 지역 주민들이었습니다. 일단 강력한 외부 세력이 어느 영토에 유입되면 모든 약소국은 기존 통치자에 대한 적개심 때문에 새로운 외세에 기우는 것이 통례입니다. 그러므로 강국의 통치자는 아무런 노력을 기울이지 않아도 주변의 약소국가들을 그가 차지한 영토를 중심으로 규합할 수 있습니다. 그리고 나서 약소국가의 통치자 중에 지나치게 힘을 키우는 자가 없도록 주의를 기울이기만 하면 그는 자신의 강력한 권력과 주변 약소국들의 호의에 힘입어 그 지역에서 가장 강한 자로 군림할 수 있습니다. 이를 제대로 해내지 못하는 군주는 곧 자기가 획득했던 영토를 잃어버릴 수 있으며, 지켜낸다고 해도 끝없는 역경과 환난을 겪어야 할 것입니다.

로마인들은 그들이 병합한 지역에서 이런 상황이 벌어지지 않도록 세심히 살폈습니다. 식민 이주민을 정착시켜서 주변의 약소 세력들이 세력을 키우지 못하도록 견제하면서도 그들과 우호적인 관계를 유지하도록 힘썼습니다. 그들 중 강한 세력을 견제하고, 외부의 강한 세력이 영향력을 뻗쳐오는 것을 허락하지 않았습니다. 그리스를 예로 들어 보면 매우 적절하고도 명확하게 설명이 될 것입니다. 로마인들은 아카이아인이나 아이톨리아인들과는 우호적인 관계를 유지하면서 마케도니아는 제압했고, 안티오코스는 몰아냈습니다. 그러면서도 아카이아인과 아이톨리아인이 자기들의 공헌을 빌미 삼아 세력을 얻는 것은 허락하지 않았으며, 필리포스를 설득하면서도, 그를 우방으로 받아들이기 전에 굴복시키는 것을 잊지 않았습니다. 또한 안티오코스의 영향력이 그의 국가에 더는 미치지 않도록 하는 일에도 철저했습니다. 이렇게 로마의 군주는 현재의 문제들을 해결하는 일부터 미래의 위험 요소를 제거하는 일까지를 통괄하여 그가 마땅히 해야 하는 일들을 완벽하게 처리했습니다. 모든 문제는 사전 예방이 최선이기 때문에 그렇게 한 것입니다. 그러지 않고 문제가 닥칠 때까지 기다린다면 그건 이미 뒤늦은 처방이 되는 것이며, 병폐는 다스릴 수 없는 지경에 이를 것입니다. 이는 결핵성 소모열에 대한 의사들의 설명과도 같습니다. 치료가 손쉬운 초기에는 발견하기가 쉽지 않고, 병증이 깊어지면 발견하기는 쉬워지지만 그땐 이미 치료가 쉽지 않은 단계에 접어든 뒤라는 것입니다. 국가의 일도 이와 같습니다. 악의 세력이 형성되는 것을 예견하고 있으면(현명한 군주만이 이를 예견할 수 있지만), 신속하게 이를 제거할 수 있습니다. 그러나 이를 예견하지 못하여 모두가 알아차릴 수 있을 만큼 커지면, 그때는 이를 제압할 방법이 없습니다. 로마인들은 문제를 일으킬 수 있는 요인들을 예견하고 즉시 제거했으며, 전쟁을 피하기 위해서라는 명목으로도 이를 묵과하지 않았습니다. 전쟁은 피할 수 있는 것이 아니며, 이를 피하는 것은 결국 적에게 유리한 상황이 될 때까지 기다리는 것임을 알았기 때문입니다. 또한 로마인들은 그리스에서 필리포스와 안티오코스를 맞아 싸우고자 했는데, 이는 그렇게 함으로써 이탈리아에서 그들과 충돌하는 것을 피하기 위해서였습니다. 물론 그리스에서 싸우는 것도 피할 수 있었지만 그러기를 원하지 않았습니다. 로마인들은 오늘날 현자들의 입에 오르내리는 '시간이

해결하도록 맡겨두어라.'라는 말을 따르기보다는 자기들의
용맹과 신중함을 믿었던 것입니다. 시간은 모든 것을 불러오
는데, 그러다 보면 선과 함께 악이 따라오기도 하고 악과 함
께 선이 따라오기도 하기 때문입니다.

　다시 프랑스의 예로 돌아와 그들은 이와 관련하여 어떻게
했는지 살펴보겠습니다. 샤를 왕보다는 루이 왕의 행적을 살
펴보는 것이 나을 것 같으므로 그에 대해 말씀드리고자 합
니다. 루이 왕은 가장 오랜 기간 이탈리아를 통치했는데, 그
의 행적을 살펴보면 본국과 다른 요소들을 가진 국가를 점
령한 군주가 해야 할 일들을 모두 반대로 행했음을 알 수 있
습니다.

　루이 왕은 베네치아인들의 야망에 이끌려 이탈리아를 침
공하게 되었는데, 이때 베네치아인들이 원했던 것은 루이 왕
의 침공을 기회로 삼아 롬바르디의 절반을 차지하는 것이었
습니다. 루이 왕의 판단과 그의 행적을 비난할 생각은 없습
니다. 그는 이탈리아에서 발판을 구축하고자 했지만, 그곳에
우호 세력이 없었을 뿐 아니라 샤를 왕의 행적으로 인하여
사방에서 외면당하는 상태였으므로 그에게 손을 내미는 세
력과 손을 잡을 수밖에 없는 상황이었던 것입니다. 만약 다
른 부분에서 몇 가지 실수를 저지르지 않았더라면 그의 이

러한 선택은 곧장 성공으로 이어졌을 것입니다. 롬바르디를 점령한 루이 왕은 단시간에 샤를이 실추시켰던 권위를 되찾았습니다. 제노바는 항복했고, 피렌체는 우방이 되었으며, 만토바 후작, 페라라 공작, 벤티볼리오 공작, 포를리 백작 부인, 그리고 파엔차와 페사로, 리미니, 카메리노, 피옴비노의 영주들, 루카와 피사, 시에나의 주민들도 모두 그에게 다가와 우정의 손을 내밀었습니다. 그제야 베네치아인들은 자기들의 경솔함을 깨달았습니다. 자기들은 고작 롬바르디아의 도시 두 개 정도를 탐냈던 것인데, 결과적으로 이탈리아의 3분의 2를 루이 왕에게 내주는 결과가 빚어졌기 때문입니다.

여기까지 살펴보면, 루이 왕이 앞서 언급한 규칙들을 준수하면서 우호 세력과의 친분을 유지하고 그들을 보호해주기만 했더라도 이탈리아에서 어렵지 않게 권력을 유지할 수 있었을 것임을 짐작할 수 있습니다. 그들은 숫자상으로 많았지만 대부분 약하고 위축되어 있었을 뿐 아니라, 일부는 교회를 두려워하고 일부는 베네치아인들을 두려워했으므로, 되도록 그의 곁에 붙어 있으려 했을 것이기 때문입니다. 따라서 루이 왕은 이들의 세력을 자원으로 삼아 강대국들로부터 쉽게 자신의 권력을 지킬 수 있었을 것입니다. 하지만 루이 왕은 밀라노에 입성하자마자 반대로 교황 알렉산데르가 로마냐 지역을 차지할 수 있도록 도와주었습니다. 그렇게 교회가 가진 영적인 힘에 세속적 권력을 보태줌으로써 교회의 세력을 키워주는 동안 자기에게 손을 내밀었던 우방과 그의 품 안으로 들어왔던 세력들로부터 소외될 것이며, 그리하여 힘을 잃게 될 것임을 생각하지 못했던 것입니다. 이런 중대한 실수를 저지른 루이 왕은 이를 만회하기 위해 토스카나 지역을 통치하려는 알렉산데르의 야심을 견제해야 했고, 어쩔 수 없이 이탈리아에 쳐들어와야 했던 것입니다.

하지만 루이 왕은 교회의 세력에 힘을 실어 주고 자신은 우호 세력으로부터 소외된 것만으로 부족하다는 듯이, 이번에는 나폴리 왕국을 정복하여 스페인과 나누고자 했습니다. 자신이 최고 결정권자였던 이탈리아에 동반자를 불러들임으로써 그 나라의 야심가들과 자기에게 불만을 품은 자들이 손잡을 수 있는 세력을 만들어준 셈이 된 것입니다. 또한 자기에게 조공을 바칠 왕을 그 나라에 남겨둘 수 있었는데도 굳이 몰아내고, 종국에는 자신을 몰아낼 수도 있는 자를 그 자리에 앉혔습니다.

영토를 확장하려는 욕망은 자연스럽고도 보편적인 인간의 심리이므로, 누구든 그럴만한 능력을 갖추고 그러한 시도를 하면 비난받기보다는 칭송을 들을 것입니다. 하지만 능력도 없는 자가 수단 방법을 가리지 않고 영토를 얻고자 한다면 거기엔 실책과 비난이 따르게 마련입니다. 그러므로 프랑스가 자국의 힘으로 나폴리를 공격할 수 있었다면 그렇게 하는 것이 마땅했겠지만, 그럴 만한 힘이 없다면 그 왕국을 나누지 말았어야 합니다. 롬바르디아를 베네치아인들과 나눈 것은 이탈리아에서 발판을 굳히기 위해 어쩔 수 없는 일이었다고 주장한다면 받아들여질 수도 있겠지만, 나폴리를 나눈 것은 불가피한 이유로 볼 수 없으므로 비난받아 마땅합니다.

루이 왕이 저지른 실수는 이렇게 다섯 가지로 요약해 볼 수 있습니다. 약소 세력을 제압했고, 이탈리아에서 위력을 떨치고 있는 세력 중 하나에 힘을 실어 주었으며, 외부의 세력을 불러들였고, 점령한 지역에 정주하지 않았으며, 식민을 보내지도 않았습니다. 하지만 그가 베네치아인들에게서 그들의 영토를 빼앗는 여섯 번째 실수를 범하지 않았더라면, 그가 살아 있는 동안 위의 실수들이 그에게 화근이 되지는 않았을 것입니다. 교회에 힘을 실어 주지 않고 스페인을 이탈리아로 끌어들이지 않았더라면, 이들을 견제하는 것이 매우 합당하고도 필요한 일이 되었을 것입니다. 하지만 이미 그 두 가지 실수를 범한 이상, 그는 베네치아가 몰락하게 두지 말았어야 합니다. 강세였던 베네치아는 자기들이 롬바르디아의 패권을 쥐고자 하지 않는 한, 외부 세력이 그곳을 넘보는 일은 절대로 용납하지 않았을 것이기 때문입니다. 또한 외부 세력들도 단지 베네치아에 넘겨주기 위해 프랑스로부터 롬바르디아를 빼앗으려 하지는 않았을 것이며, 프랑스와 베네치아 양국을 상대로 맞설 용기도 없었을 것입니다.

만약 누군가가 '루이 왕은 전쟁을 피하고자 로마냐를 알렉산데르에게 양보했으며 나폴리 왕국은 스페인에 내주었다'라고 한다면, 저는 위에 말씀드린 이유를 들어, 전쟁을 피한다는 것이 실수를 저지를 이유가 될 수는 없다고 말하겠습니다. 전쟁은 피해지는 것이 아니며, 단지 더 불리한 상황으로 미뤄지는 것이기 때문입니다. 또 누군가가 루이 왕이 교황에게 내건 공약, 즉 교황이 자신의 결혼 취하*를 도와주고 루앙**에 추기경 자리를 주는 대가로 교황을 지원하겠다는 약속 때문에 어쩔 수 없었을 것이라고 말한다면, 이에 대한 저의 대답은 뒷부분에서 군주가 지켜야 하는 신의를 말

---

* 루이 12세는 그의 아내이자 루이 11세의 딸인 잔과 이혼하고, 1499년에 샤를 8세의 미망인인 안 드 브르타뉴와 결혼했다.
** 루앙의 대주교, 조르주 당부아즈(1460-1510)를 말한다. 알렉산데르 6세에 의해 추기경으로 임명되었다.

씀드리면서 내놓도록 하겠습니다.

이렇게 루이 왕은 타국의 영토를 점령하고 이를 유지하려는 군주가 밟아야 할 행보를 따르지 않음으로써 롬바르디아를 잃었습니다. 이는 전혀 놀랄 일이 아니며, 합당하고 자연스러운 결과입니다. 교황 알렉산데르의 아들이자 발렌티노로 불리던 체사레 보르자가 로마냐를 점령하고 있을 때 저는 낭트에서 루앙과 이 문제에 관하여 논의한 적이 있습니다. 그때 루앙 추기경은 저에게 이탈리아인들은 전쟁에 대해 잘 모른다고 했고, 저는 프랑스인들은 국가를 다스리는 법을 이해하지 못한다고 응대했습니다. 그렇지 않았다면 교회가 그렇게 강성하도록 두지 않았을 것이기 때문입니다. 사실 이탈리아에서 교회의 세력과 스페인의 세력이 커진 것은 프랑스 왕에게 책임이 있으며, 결국 프랑스는 이들 세력에 의해 몰락한 것입니다. 이를 통해 끌어낼 수 있는 하나의 원칙이 있습니다. 다른 누군가가 힘을 얻는 데 공헌한 자는 반드시 멸망한다는 것입니다. 왜냐하면 강력한 통치권을 얻기 위해서는 누군가의 약삭빠름이나 무력을 이용해야 하는데, 막상 통치자의 자리에 오르고 나면 그 둘 다를 의심하고 경계할 수밖에 없기 때문입니다.

4장

다리우스 왕국은 왜 정복자인 알렉산드로스가 죽은 뒤, 그의 계승자들에게 맞서 반란을 일으키지 않았는가

새로 정복한 영토를 유지하기 위해 야기되는 어려움들을 생각하면, 단시간에 아시아를 제패한 알렉산드로스 대왕이 그의 왕국이 채 안정되기도 전에 죽었을 때, 정복당한 왕국에서 반란이 일어나지 않은 것을 의아하게 여기는 사람도 있을 것입니다. 하지만 알렉산드로스의 계승자들은 무사히 권력을 이어갔으며, 자기들의 야망으로 인해 내부적인 분열이 일어난 것 외에는 다른 역경을 겪지 않았습니다.

이에 대해 저는 이렇게 말씀드릴 수 있습니다. 역사에 기록된 군주국의 통치 방법은 두 가지로 나누어 볼 수 있는데,

그 하나는 군주가 그를 받드는 신하들과 함께 통치하는 형태로, 신하들은 국가의 관료로서 군주의 신망과 허락을 얻어 통치 임무를 수행합니다. 또 하나는 군주와 제후들이 통치하는 형태인데, 이때 제후는 군주의 은덕이 아니라 자기들의 혈통에 의해 작위를 세습해온 사람입니다. 제후는 자기 영토와 신민을 가지고 있으며, 신민들은 그 영토의 제후를 주인으로 모시며 자연스럽게 그들에게 충성합니다. 이 두 가지 통치 형태를 비교하자면, 군주와 그의 신하들이 다스리는 국가의 군주가 권위도 높고 절대적인 충성을 받는다고 볼 수 있는데, 그 이유는 국가 전체를 통틀어 군주보다 더 높이 추앙받는 사람은 없기 때문입니다. 설사 신하들이 다른 누군가에게 복종한다 해도 그것은 국가의 관료로서 존중하는 것이지 개인적인 충성심 때문은 아닙니다.

현세에서 이 두 가지 통치 형태의 예로는 튀르크와 프랑스의 왕을 비교할 수 있을 것입니다. 튀르크는 왕국 전체를 군주가 혼자 다스리며 나머지는 모두 그의 신하입니다. 군주는 국가를 산자크라는 행정구획으로 나누고 각지에 관료를 파견하되, 필요에 따라 군주가 마음대로 다른 지역으로 옮겨가게 하거나 교체합니다. 이에 반하여 프랑스의 왕은 여러 명의 세습 제후들에 둘러싸여 있으며, 세습 제후들은 각자 자기 영토에 그들을 존중하고 충성을 바치는 신민들을 거느리고 있습니다. 제후들은 각자 고유의 특권을 가지고 있는데, 군주라 하더라도 자신의 위험을 감수하지 않고는 이를 함부로 빼앗을 수 없습니다. 이 두 가지 통치 형태를 비교해서 살펴보면 튀르크 왕국 같은 국가는 점령하기가 무척 힘들겠지만, 일단 점령하고 나면 그것을 유지하기는 쉬울 것임을 알수 있습니다. 튀르크 왕국을 점령하기 힘든 이유는 침입자가 제후들의 초대를 받아 그 영토에 발을 들여놓게 될 가능성이 없다는 것이며, 군주의 신하들이 반란을 일으켜 침입자의 계획을 도울 가능성도 없기 때문입니다. 이는 위에서 말씀드린 이유를 살펴보면 알 수 있습니다. 우선 군주의 각료들은 모두 노예이거나 농노이기 때문에 부패할 가능성이 매우 희박한 상태입니다. 또한 부패했다 하더라도 군주의 임명을 통해 직책에 배정된 신분인 그들은 민중을 선동할 힘이 없으며, 따라서 얻어낼 것이 거의 없습니다. 그러므로 누구든 튀르크를 공격할 때는 단결된 힘을 가진 왕을 상대해야 할 것이며, 군주 주변의 반란이나 봉기를 통해 기회를 얻기보다는 자기가 가진 힘으로 싸워야 한다는 사실을 명심해야 합니다. 하지만 일단 튀르크를 정복하고 그들의 군대를 다시 일어설 수 없을 정도로 무너뜨렸다면, 군주의 일족 외에는 더 이상 두려워할 상대가 없습니다. 이 문제만 해결된다면, 그 외에는 민중의 지지를 얻을만한 자가 없으므로 염려할 필요가 없습니다. 또한 정복자는 자기 자신의 힘 외에는 승리를 빚진 자가 없으므로 어떤 세력도 두려워할 필요가 없습니다.

그런데 프랑스와 같은 통치체제를 가진 국가에서는 반대의 상황이 벌어집니다. 정복하려는 국가의 일부 제후를 자기 편으로 끌어들이기만 하면 아주 쉽게 침입해 들어갈 수 있습니다. 누군가는 항상 군주에게 불만을 품고 있으며, 누군가는 변화를 원하기 때문입니다. 여러 가지 이유로 그런 야욕을 가진 자들이 길을 열어주고 승리를 도울 것입니다. 하지만 그 후에 통치권을 유지하기 위해서는 당신에게 승리를 안겨준 세력과 당신이 짓밟은 세력으로 인해 초래되는 수많은 어려움을 직면해야 합니다. 또한 군주의 일족을 제거하는 것만으로는 부족합니다. 각지의 영토에 남아 있는 제후들이 새로운 세력으로 당신에게 대항해 올 것이기 때문에 그들을 회유하거나 제압하지 못하면 그들이 기회를 얻는 대로 당신은 점령했던 나라를 다시 빼앗길 것입니다.

다리우스의 통치 방식을 살펴보면 튀르크 왕국에 가깝다는 것을 알 수 있습니다. 따라서 알렉산드로스는 전쟁터에서 싸워 나라를 빼앗는 길밖에 없었습니다. 전쟁에 이기고 다리우스가 죽은 다음에는, 위에서 말했듯이 안전하게 튀르크를 손에 넣을 수 있었을 것입니다. 또한 그의 계승자들도 자기들끼리 단합만 잘 되었다면 아무런 문제없이 권력을 이어갈 수 있었을 것입니다. 그들 스스로 일으킨 소요 외에는 아무 일도 일어나지 않았기 때문입니다.

하지만 프랑스와 같은 체제로 이루어진 국가에서는 그렇게 평안하게 권력을 이어갈 수 없습니다. 스페인과 프랑스, 그리스가 로마를 상대로 그렇게 잦은 반란을 일으켰던 것도 이와 같은 원리입니다. 나라마다 여러 제후가 각자의 영토에 남아 세력을 가지고 있었으며, 그들의 기억이 살아 있는 한 로마는 항상 점령했던 영토를 다시 잃을 위험을 안고 있었던 것입니다. 하지만 제국의 지배가 오랫동안 이어지면서 제후들의 기억은 흐려지고, 그에 따라 로마는 점차 안정적으로 통치 기반을 다질 수 있었습니다. 그러다가 훗날 로마인들 사이에 분쟁이 생기고, 파벌마다 자기가 다스리던 영토에서 쌓은 권력에 따라 그 지역을 지배하게 되었으며, 현지를 다스리던 기존 통치 가문은 이미 몰락하고 없었으므로 로마인이 인정하는 세력이 권력을 잡게 되었습니다.

이런 일들을 생각한다면 알렉산드로스 대왕이 그렇게 쉽

게 아시아의 패권을 잡았던 사실도, 피로스나 그 밖의 지배
자들이 정복지에서 통치권을 유지하기 위해 겪었던 어려움
도 전혀 놀랍지 않을 것입니다. 이는 정복자의 통치력 여하
에서 비롯되었다기보다는 정복지의 다양한 특성에서 기인한
것이기 때문입니다.

5장

합병되기 전까지 자기들의 법대로 살아온 도시나 군주국은 어떻게 통치해야 하는가

자기들의 법대로 살면서 자유를 누려온 국가를 합병했을 경우, 정복자가 이를 통치하는 방법에는 세 가지가 있습니다. 첫 번째는 그들을 짓밟는 것이며, 두 번째는 군주가 직접 그곳에 가서 정주하는 것이고, 세 번째는 그들이 계속 자기들의 법대로 살 수 있게 해 주면서 조공을 받고, 당신에게 호의적인 세력을 내세워 과두 정치 체제를 갖추는 것입니다. 그렇게 군주에 의해 세워진 정부는 군주의 호의가 아니면 존속할 수 없다는 사실을 알기 때문에 최선을 다해 군주에게 충성할 것입니다. 이처럼 자유에 익숙한 도시를 다스리는 데 그 도시의 시민들을 이용하는 것보다 쉬운 방법은 없습니다.

그 예로 스파르타인과 로마인을 살펴보겠습니다. 스파르타인들은 아테네와 테베를 합병하고 그곳에 과두 정치를 시행했으나, 두 도시를 모두 잃었습니다. 로마인들은 카푸아와 카르타고, 누만티아에 대한 통치권을 유지하기 위해 이들을 우선 멸망시켰으며, 결과적으로 영토들을 잃지 않았습니다. 그리스를 통치하게 되었을 때 로마인들은 스파르타의 방식을 따르기 위해 그들을 자유롭게 해 주고 자기들의 법을 따라 살도록 해 주었지만, 결과는 성공적이지 못했습니다. 그러다 보니 통치권을 유지하기 위해 많은 도시를 파괴할 수밖에 없었습니다. 그것 말고는 안정적으로 통치권을 유지할 방법이 없었기 때문입니다. 자유를 누리는 데 익숙해 있는 도시를 점령해서 파괴하지 않고 통치하려는 자는 그 도시에 의해 파멸됩니다. 새로 정복한 군주가 제공하는 혜택들을 누리며 아무리 오랜 시간을 살아도 그들은 자기들이 과거에 누렸던 자유와 특권을 잊지 않으며, 언젠가는 이를 명분으로 삼아 반란을 일으키기 때문입니다. 그들을 완전히 분열시키거나 무력화시키지 않는 한, 당신이 어떤 정책을 시행하든, 어떤 혜택을 베풀든, 그들은 자유라는 이름과 자기들이 누렸던 특권을 잊지 않고 기회가 주어질 때마다 봉기할 것입니다. 피사가 피렌체인들에게 합병된 지 100년이나 지난 후에 그랬던 것처럼 말입니다.

그러나 군주의 통치를 받는 데 익숙해져 있는 도시나 국가를 정복한 경우는 그 군주의 혈통만 제거하면 안전합니다. 그런 국가의 백성은 복종하는 데 익숙해져 있으나, 복종할 군주가 없어진 상태이므로 다음 통치자로 누구를 뽑아야 할지 결정하지 못할 뿐 아니라 스스로 통치할 능력도 없습니다. 따라서 그들 스스로 무력을 갖춰 항거하기에도 오랜 시간이 걸릴 것이므로 새 정복자는 안심하고 이들을 통치할 수 있습니다. 하지만 공화국의 경우는 남아 있는 생명력이 여전히 강하고, 그만큼 증오와 복수심 또한 강렬하게 타오르고 있을 것이기 때문에 이전에 누렸던 자유에 대한 기억을 좀처럼 잃어버리지 않습니다. 이런 경우에는 그들을 파멸시키거나, 군주가 그곳에 정주하는 것이 안전합니다.

자기가 가진 무력과 역량으로 점령한 새 군주국에 대하여

이제 신성 군주국에 대해 말씀드리면서 군주와 국가 둘 다에 관한 매우 고귀한 인물의 예를 보여드릴 텐데 놀라지 마시기 바랍니다. 인간은 누구나 다른 누군가가 걸어간 길을 가면서 앞서간 이들의 행적을 따르고자 하지만, 그러면서도 그들의 방식을 그대로 재현해 내거나 그들이 가졌던 권력을 자신도 그대로 얻지는 못합니다. 하지만 현명한 사람은 뛰어났던 사람을 닮아가고자 노력합니다. 그렇게 하다 보면 똑같은 역량을 갖추지는 못하더라도 최소한 닮을 수는 있기 때문입니다. 이는 영리한 궁수가 멀리 있는 과녁을 향해 활을 쏘는 원리와 같습니다. 자기가 들고 있는 활이 쏠 수 있는 최장 거리를 알고 있는데 그보다 더 멀리 있는 과녁을 맞혀야 한다면, 그는 실제 과녁보다 높은 지점을 조준해서 시위를 당길 것입니다. 이는 그 높은 지점을 맞추기 위해서가 아니라 높이를 이용해서 화살을 원하는 과녁에 명중시키기 위해서입니다.

그러므로 신성 군주국을 다스리게 된 새 군주가 맞이하게 될 어려움의 정도는 그의 역량에 달려 있다고 말씀드릴 수 있습니다. 한 사람의 시민이 군주가 되는 데는 그의 역량이나 운명적인 기운이 작용했을 것인데, 둘 중 어느 것이든 그에게 다가오는 어려움들을 어느 정도 막아주었음이 분명합니다. 그렇지만 운명에 기대려는 마음이 적은 군주가 강력한 통치권을 유지할 수 있습니다. 거기에 더하여 군주가 다른 영토를 가지고 있지 않아 새로 세운 군주국에 직접 정주할 수밖에 없는 상황이라면 모든 일이 더 수월해집니다.

운이 아니라 역량으로 군주의 자리에 오른 사람 중에 가장 훌륭한 예로는 모세와 키루스, 로물루스, 테세우스 같은 인물이 있습니다. 모세는 단지 신의 뜻을 실행한 사람일 뿐이므로 논의에서 제외되어야 한다고 주장하는 사람이 있을지 모르나, 신과 소통할 수 있는 은혜를 받았다는 사실만으로도 그는 존경받아 마땅합니다. 또한 키루스를 포함해서 왕국을 획득했거나 세운 사람들도 모두 충분히 존경받을 만하며, 각자의 공적과 발자취를 들여다볼 때 위대한 신을 모시고 있던 모세와 견주어도 전혀 부족하지 않습니다. 그들의 삶과 행적을 살펴보면, 자신의 역량을 최선의 형태로 발휘할 기회가 찾아왔던 것을 제외하고는 행운의 덕을 본 적이 없었음을 알 수 있습니다. 물론 그런 기회를 만나지 못했더라면 그들의 역량은 그대로 소실되었을 것이며, 애초에 역량이 없었더라면 기회가 찾아왔더라도 아무 소용이 없었을 것입니다.

그러므로 모세가 이스라엘 백성을 이끌어 억압된 삶으로부터 구해내기 위해서는 이스라엘 백성이 이집트에서 노예 생활을 하며 이집트인들에게 억압받는 상황이 필요했던 것입니다. 또한 로물루스가 로마의 건국자이자 왕이 되기 위해서는 알바에 남지 않고 태어나자마자 버려져야 했습니다. 키루스에게는 메디아의 정부에 불만을 품을 페르시아인들과 오랜 평화로 여인들처럼 나약해진 메디아인이 필요했습니다. 아테네가 분열되어 있지 않았더라면 테세우스는 그의 역량을 발휘하지 못했을 것입니다. 그러므로 그들을 행운아로 만든 것은 기회였으며, 자국에 영광과 번영을 안겨줄 그 기회를 알아본 것은 그들의 뛰어난 역량이었던 것입니다.

이처럼 자신의 용맹함으로 군주가 된 사람들은 군주국을 얻기까지는 힘들지만, 그것을 유지하는 데는 어려움이 없습니다. 그들이 마주하는 어려움은 새로운 영토에 정부를 세우고 통치체제를 안전하게 확립하기 위해 새로운 법과 행정 대책을 마련하는 과정에서 초래됩니다. 여기서 기억해야 할 것은 새로운 질서를 도입하는 일보다 더 어렵고 위험하며, 성공 여부가 불확실한 일은 없다는 사실입니다. 구제도에서 잘 지내던 사람은 혁신을 이루려는 자에게 맹렬한 적이 되지만, 신제도에서 잘살게 될지도 모른다는 막연한 기대를 품은 사람들은 그저 미온한 지지자가 될 것이기 때문입니다. 이렇게 미온적인 태도를 보이는 이유는 그때까지 법의 보호 아래서 득세했던 상대 진영 사람들을 두려워하기 때문이기도 하고, 새로운 것은 오랜 경험을 통해 확인하기 전까지 믿지 않으려는 인간의 속성 때문이기도 합니다. 그러므로 적대적인 자들은 기회가 있을 때마다 게릴라처럼 공격하려 들 것이고, 군주와 미온적인 지지 세력은 함께 위험에 처하게 되는 것입니다.

그러므로 이 문제를 철저하게 검토하려면 개혁자들이 자신의 힘으로 독립적인 선택을 하는지, 아니면 다른 누군가의 도움에 의존해야 하는지를 확인해야 합니다. 말하자면 통치체제를 완성하기 위해 누군가에게 의존해야 하는지, 자신의 힘으로 해결할 것인지를 물어야 한다는 뜻입니다. 전자의 경우는 성공할 확률이 거의 없으며 아무것도 이루지 못합니다. 하지만 자기 힘으로 독립적인 선택을 하는 사람은 위험에 처할 일이 거의 없습니다. 무장을 한 모든 선각자는 영토를 정복했지만, 무장하지 않은 선각자는 모두 실패한 것도 바로 이런 이유 때문입니다. 이미 말씀드린 이유 외에 사람의 본성도 하나의 변수가 됩니다. 사람을 설득하기는 쉽지만, 그것을 고수하는 일은 어렵기 때문입니다. 그러므로 그들이 더 이상 믿으려고 하지 않을 때는 무력으로 믿도록 만들 필요가 있습니다.

모세와 키루스, 테세우스, 로물루스가 무장 병력을 갖추지 않았더라면 오랫동안 통치체제를 유지하지 못했을 것입니다. 이는 오늘날 지롤라모 사보나롤라 수사의 경우를 봐도 알 수 있습니다. 그에 대한 대중의 믿음이 떠나가자, 그는 자신이 세운 새로운 질서와 더불어 몰락하고 말았습니다. 그를 믿는 자들을 확고하게 붙잡고, 믿지 않는 자들이 믿도록 만들 힘이 없었기 때문입니다. 이렇게 모든 위험은 목표를 향해 오를 때 닥쳐오는 것이므로 통치체제를 확립하는 동안에는 많은 어려움을 겪습니다. 그러나 자신의 역량으로 그것들을 극복하고 나면 그의 성공을 시기하는 자들은 제거될 것이므로 그는 존경받기 시작할 것이며, 강력하고 명예로운 지도자로 안정적인 권력을 유지하면서 충족한 삶을 누릴 것입니다.

이렇게 위대한 사람들의 예를 들었으니 이제 그들을 닮았으나 조금 덜 위대한 사람의 예를 들어 보겠습니다. 하지만 그 역시 충분히 언급할 만한 가치가 있을 것입니다. 그는 바로 시라쿠사의 왕 히에론입니다. 그는 일개 시민이었다가 시라쿠사의 군주가 되었는데, 그 역시 기회가 찾아왔다는 사실 외에 운의 도움을 받은 것이 없습니다. 억압받던 시라쿠사인들이 히에론을 리더로 추대했으며, 그는 군주가 됨으로써 그들의 선택에 보답했습니다. 히에론은 일개 시민이었을 때부터 훌륭한 역량을 가진 사람이었는데, 기록에 의하면 그는 단지 왕국이 없을 뿐 왕이 되는 데 필요한 모든 것을 갖추고 있었다고 전해집니다. 히에론은 군주가 된 후 낡은 군대를 해체하고 새 군대를 조직했으며, 과거의 동맹관계를 모두 철회하고 새 동맹을 맺었습니다. 그리고 자국의 군대와 동맹을 기반으로 그가 원하는 국가를 세울 수 있었습니다. 이렇게 히에론은 국가를 얻기까지는 많은 역경을 헤쳐야 했지만, 그것을 유지하는 데는 어려움이 없었습니다.

7장

타인의 무력이나 운명의 도움으로
획득한 새 군주국에 대하여

일개 시민이었다가 단지 운이 좋아서 군주가 된 사람은 쉽게 오른 그 자리를 유지하기 위해 매우 힘든 시간을 견뎌야 합니다. 아무 어려움도 겪지 않고 한순간에 군주의 자리에 오르긴 했지만, 정상에 오른 후에는 여러 가지 어려움을 마주해야 하기 때문입니다. 돈을 지불하거나 누군가의 호의로 영토를 넘겨받는 경우가 그렇습니다. 그리스에서 이런 경우가 많았는데, 다리우스는 자신의 안전과 영예를 도모하기 위해 이오니아와 헬레스폰토스의 여러 도시국가에 군주를 내세웠습니다. 또한 일개 시민이었다가 부패한 군인들을 동원하여 갑자기 통치자의 자리에 오른 황제들도 이런 경우에 포함됩니다. 이들은 누군가의 호의와 행운에 의해서 신분이 상승하였지만, 이 둘 다 가장 변질하기 쉽고 불안정한 요소입니다. 이렇게 군주가 된 사람은 그 자리를 지키는 데 필요한 지식을 가지고 있지 않습니다. 특별한 신분이거나 역량을 갖추고 태어나지 않은 이상, 일개 시민으로 살아온 그들이 누군가에게 명령하는 법을 알지 못하는 것은 지극히 당연한 일입니다. 또한 자신에게 우호적이면서 충성을 바칠 무력을 가지고 있지 않기 때문에 권력을 유지할 수 없습니다.

그러므로 예기치 않게 갑자기 탄생한 국가는, 자연 만물이 급성장하면 그렇듯이 뿌리와 가지가 안정적으로 뻗어갈 시간을 갖지 못하므로 첫 폭풍이 불어 닥칠 때 뽑혀 쓰러지고 맙니다. 하지만 그가 훌륭한 역량을 가지고 있다면 군주의 자리에 오르자마자 위기에 대처할 준비를 해서 행운이 안겨준 기회를 붙잡을 것입니다. 다른 사람들은 그 자리에 오르기 전에 이미 갖추고 있었을 기반을, 자리에 오른 뒤에라도 갖추는 것입니다.

자신의 역량 또는 운에 의해 군주의 자리에 오르는 두 가지 방법과 관련하여, 우리 기억에 남아 있는 일 중에서 예를 들어 보겠습니다. 바로 프란체스코 스포르차*와 체사레 보르자입니다. 일개 시민이었던 프란체스코는 합당한 방법과 위대한 역량으로 밀라노 공작의 자리에 올랐습니다. 수많은 걱정과 노고를 통해 얻은 자리였지만, 그것을 지키는 데는 별 어려움이 없었습니다. 반면, 발렌티노 공작이라 불리는 체사레 보르자는 아버지의 영향력 덕분에 영토를 얻었다가 아버지의 영향력이 쇠하면서 그의 영토를 잃었습니다. 비록 다른 사람의 힘과 운으로 얻은 영토였지만, 그는 그것을 지키기 위해서 그의 지성과 역량이 허락하는 한 모든 노력을 쏟았습니다. 하지만 소용이 없었습니다.

위에서 살펴본 예와 같이 처음에는 자기 힘으로 기초를 다지지 못했더라도 역량만 있으면 나중에라도 보충할 수 있겠지만, 그러기 위해서는 그 자신이 상당한 어려움을 감당해

---

* 프란체스코 스포르차는 1401년에 태어나 1466년에 사망했다. 밀라노의 공작인 비스콘티 필리포의 사생아인 비앙카 마리아 비스콘티와 결혼했으며, 공작이 죽자 그 자신이 공작의 지위에 올랐다. 세니갈리아에서 오르시니와 비텔리의 암살로 이어지는 일련의 음모들이 진행되던 시점에 마키아벨리는 피렌체 공화국의 사절로 체사레 보르자에게 파견되어 있었는데, 이때의 일들을 피렌체에 있는 그의 상관들에게 보내는 서신들과 함께 그의 저서《발렌티노 공작이 비텔로초 비텔리를 처형한 방법에 관한 서술》에 기록해 놓았다. 그 일부가 이 책에 부록으로 실려 있다.《군주론》은 이후로 10년이나 지나서 쓰였다.

야 하며, 그렇게 다져진 기초도 위험에 노출될 수밖에 없습니다. 발렌티노 공작의 행적을 살펴보면 그가 미래의 통치권을 위한 탄탄한 기반을 확립했다는 것을 알 수 있습니다. 처음 군주의 자리에 오른 사람에게 통치를 위한 지침을 전해주고자 한다면 그의 행적을 예로 들어 보이는 것보다 더 좋은 방법은 없을 것입니다. 그의 행보가 성공을 거두지 못했더라도 그것은 지독한 악운의 탓이었을 뿐, 그의 잘못은 아닙니다.

알렉산데르 6세는 아들인 발렌티노 공작을 위대한 인물로 만들기 위해 당시에도 훗날에도 많은 어려움을 겪어야 했습니다. 교회의 영토가 아닌 곳에는 아들을 군주로 앉힐 방법이 없었고, 교회의 영토를 빼앗는다면 밀라노의 공작과 베네치아인들이 용납하지 않을 것임을 알고 있었습니다. 파엔차와 리미니는 이미 베네치아인들의 보호를 받고 있었기 때문입니다. 게다가 그가 유사시에 도움을 받아야 하는 이탈리아의 군대는 오르시니와 콜론나 가문을 위시한 그의 추종자들이 장악하고 있었는데, 이들은 교황의 세력이 커지는 것을 경계하고 있었습니다. 그러다 보니 알렉산데르가 자신의 영토를 확보하고 세력을 굳건히 하기 위해서는 소요를 일으키고 국가 간의 갈등을 야기해야 했습니다. 그런 일은 그에게 매우 쉬웠는데, 다른 여러 가지 이유로 해서 베네치아인들은 이탈리아에 프랑스를 끌어들이려는 쪽으로 기울고 있었기 때문입니다. 알렉산데르는 루이 왕이 전 부인과 이혼할 수 있도록 도와줌으로써 그 일을 더욱 용이하게 만들어 주었습니다. 그리고 루이 왕은 베네치아인들의 도움과 알렉산데르 교황의 동의를 얻어 이탈리아를 침범했습니다. 루이 왕이 밀라노를 점령하자 교황은 루이 왕의 군대를 넘겨받아 로마냐를 점령하고자 했으며, 루이 왕은 자신의 명예를 지키기 위해 이를 허락했습니다. 발렌티노 공작은 로마냐를 얻고 콜론나인들을 물리치고 나자, 확보한 영토를 지킴과 동시에 더욱 확장하고 싶어졌습니다. 하지만 두 가지 걸림돌이 있었는데, 하나는 자신의 군대가 진심으로 충성하는 것 같지 않다는 의구심이었고, 또 하나는 프랑스 왕의 의중 역시 의심스럽다는 것이었습니다. 말하자면 자신이 이끄는 오르시니의 군대가 충성하지 않을까 봐 두려웠던 것입니다. 군대가 그의 승리를 방해하거나, 심지어 그가 획득한 것을 차지하려고 들 수도 있으며, 어쩌면 프랑스의 왕도 같은 의도를 가지고 있을지 모른다는 의심이 들었던 것입니다. 오르시니의 군대를 의심하게 된 것은 파엔차를 점령하고 볼로냐를 공격할 때 그들이 마지못해 참여하는 듯한 모습을 보였기 때문입니다. 그리고 루이 왕의 의중을 짚어 본 것은 그가 우르비노 공국을 차지하고 토스카나로 진격할 때, 왕이 그의 공격을 저지했기 때문입니다. 그런 이유로 해서 발렌티노 공작은 더 이상 다른 사람의 군사력과 행운에 의지해서는 안 되겠다고 판단했던 것입니다.

그는 우선 로마에서 오르시니와 콜론나의 세력을 약화하기로 했습니다. 그러기 위해서 그는 오르시니와 콜론나를 따르는 사람들에게 각자의 지위에 따라 충분한 급여와 직위를 줌으로써 그들을 자기편으로 끌어들였습니다. 그 결과 불과 한두 달 만에 오르시니와 콜론나 세력은 무너지고 모두 발렌티노 공작의 세력에 편입되었습니다. 이렇게 먼저 콜론나의 세력을 무너뜨린 공작은 오르시니를 짓밟을 기회를 엿보고 있었습니다. 기회는 곧 찾아왔고, 공작은 그 기회를 십분 활용했습니다. 오랫동안 공작과 교회의 세력이 커지는 것을 지켜봐 온 오르시니와 그의 추종자들은 그것이 곧 자기들의 파멸을 초래할 것임을 깨닫고 페루자에 있는 마조네에서 회합을 열었습니다. 이 회합이 시발점이 되어 우르비노에서 반란이 일어나고, 로마냐에서도 소요가 일어나면서 무수한 위험이 공작에게 밀어닥쳤지만, 발렌티노 공작은 프랑스의 도움으로 이것들을 물리쳤습니다. 권력을 되찾은 발렌티노 공작은 프랑스를 비롯한 외부의 세력을 믿다가 위험에 빠지는 일을 만들지 않기 위해 술책을 쓰기 시작했습니다. 자신의 속내를 감춘 채 파올로에게 돈과 의복, 말 등 온갖 호의를 베풀어 환심을 산 다음, 그를 통해 오르시니 파와 화해를 한 것입니다. 생각이 깊지 않고 단순했던 오르시니 파는 결국 세니갈리아에서 공작에 의해 무너졌습니다. 지도자들을 처형하고 추종자들을 포섭한 공작은 탄탄한 권력을 유지하면서 로마냐 전 지역과 우르비노 공국을 다스렸습니다. 백성들의 삶이 풍요로워지기 시작하자, 민심도 그에게 기울었습니다. 이 점은 모두가 기억하고 따라볼 만한 가치가 있으므로 여기서 짚고 넘어가야 한다고 생각했습니다.

로마냐를 점령한 공작은 그 지역을 다스려온 영주들이 무능했다는 사실을 알게 되었습니다. 영주들은 백성을 다스리기보다는 그들의 것을 약탈하였고, 통합하기보다는 분열될 빌미를 제공하여 온 나라에 강도들이 득실거리고 다툼과 폭력이 난무했습니다. 발렌티노 공작은 그런 상황에서 평화를 회복하고 통치권에 대한 복종심을 함양하기 위해서는 그들에게 뛰어난 통치자를 보내야 한다고 생각했습니다. 그리하여 민첩하고 잔인한 레미로 데 오르코를 파견하고 그에게 전권을 맡겼습니다. 하지만 레미로가 단기간에 평화와 단합을 회복하자, 지나친 권력을 허용하는 것은 위험하다고 생각하게 되었습니다. 나중에 반감을 살 위험이 있기 때문이었습니다. 공작은 그곳에 유능한 재판장을 선임하고 재판소를 설치하여 도시마다 대변인을 두게 했습니다. 그동안 레미로의 잔혹한 통치에 반감을 품었던 시민들이 있을 것인데, 공작 자신은 민중에게 미움을 받고 싶지 않았을 뿐 아니라 그들의 환심을 사고 싶었던 것입니다. 그러려면 레미로의 모든 잔혹한 행적이 공작 자신에게서 비롯된 것이 아니라, 레미로의 천성적인 냉혹함 때문이었음을 입증해 보여야 했습니다. 이러한 상황을 구실로 레미로는 잡혀갔으며, 어느 날 아침 처형되어 체세나 광장에 전시되었습니다. 그의 옆에는 나무 조각과 피 묻은 칼이 놓여 있었습니다. 이 끔찍한 광경을 본 시민들은 후련한 마음과 공포심을 함께 느꼈습니다.

이야기의 처음으로 돌아가 보겠습니다. 발렌티노 공작은 이제 충분한 권력을 얻었고, 나름대로 무장을 해서 당면한 위험 요소들로부터도 안전해졌습니다. 정복 사업에 방해가 될 만한 주변 세력들을 성공적으로 제압한 공작의 다음 목표는 프랑스와의 문제를 해결하는 것이었습니다. 뒤늦게나마 자신의 실수를 깨달은 프랑스 왕이 더는 그를 지원해 주지 않을 것임을 알고 있었기 때문입니다. 공작은 새로운 동맹을 찾는 한편, 프랑스가 가에타를 포위 중인 스페인 군대에 대항하기 위해 나폴리 왕국으로 원정을 떠날 때는 미온적인 태도를 보였습니다. 이는 프랑스로부터 자신의 안전을 도모하려는 의도였는데, 알렉산데르가 죽지 않았더라면 공작의 이러한 계획은 신속하게 이루어졌을 것입니다.

이것이 당시의 상황에 대한 그의 대응책이었습니다. 하지만 앞날에 대한 두려움은 어쩔 수 없었습니다. 우선은 교회의 새 후계자가 그에게 우호적이지 않을 수 있으며, 알렉산데르로부터 받은 영토를 다시 빼앗길 수도 있었기 때문입니다. 이에 대해 공작은 네 가지 방식으로 대처하기로 했습니다. 첫째는 그가 차지한 영토의 영주들과 그 일족을 몰살함으로써 교황이 영토를 다시 빼앗을 근거를 없애는 것이었습니다. 둘째는 앞에서 언급한 것처럼 로마의 귀족들을 자기편으로 끌어들이고 그들과 힘을 합해 교황을 견제하는 것이었습니다. 셋째는 추기경단을 자기 쪽으로 기울게 하는 것이었으며, 넷째는 교황이 살아 있는 동안 어떻게든 자기 힘으로 권력을 굳건히 해서 일차적으로 공격받더라도 이겨낼 수 있게 하는 것이었습니다. 알렉산데르 교황이 죽었을 때, 공작은 위의 네 가지 중 세 가지를 이룬 뒤였습니다. 극소수를 제외한 정적 대부분을 제거했으며, 로마의 귀족들을 그의 편으로 끌어들였고, 추기경단 대다수가 그에게로 기울어 있었던 것입니다. 영토를 확장하는 일에 있어서는 토스카나의 영주가 되고 싶어 했는데, 페루자와 피옴비노는 이미 그의 영토였으며 피사는 그의 보호 아래 있었기 때문입니다. 프랑스는 스페인군에 의해 나폴리 왕국에서 쫓겨난 뒤였으므로 더 이상 신경 쓸 필요가 없었을 뿐 아니라, 두 나라가 모두 공작의 우호적인 처사를 바라는 상황이었습니다. 그런 상황이었으므로 발렌티노 공작은 피사로 진격할 수도 있었을 것입니다. 그다음에는 피렌체인들에 대한 증오심과 두려움을 함께 가지고 있었던 루카와 시에나가 항복했을 것입니다. 그랬으면 피렌체인들은 더 이상 번영을 꾀할 수 없었을 것입니다. 막강한 권력과 명망을 얻은 공작은 교황이 죽던 그해에 그의 계획을 성공시킬 수 있었을 것이기 때문입니다. 그랬다면 더 이상 행운과 다른 사람의 힘에 의존하지 않고 자신의 힘과 역량으로 홀로 설 수 있었을 것입니다.

하지만 알렉산데르 교황은 공작이 칼을 든 지 5년 만에 죽었습니다. 공작에게는 로마냐만을 남겨주었을 뿐이었습니다. 나머지 영토는 강력하고 적대적인 두 세력 사이에서 거취를 분명히 하기 힘들게 되었으며, 공작은 건강 악화로 목숨이 위태로울 지경이 되었습니다. 하지만 그에게는 용맹한 정신과 탁월한 역량이 남아 있었고, 여전히 사람들을 자기 편으로 끌어들이거나 제거하는 데에 능통했습니다. 또한 짧은 기간이었지만 견고한 기반을 다져 놓았기 때문에, 바로 등 뒤에 그렇게 강한 군대들이 포진하고 있지 않았거나 그의 건강에 문제가 없었더라면 그는 모든 어려움을 이겨낼 수 있었을 것입니다. 로마냐인들이 그를 한 달 이상이나 기다렸다는 것만 봐도 그가 탄탄한 기반을 갖추고 있었음을 알 수 있습니다. 이미 반쯤 죽은 목숨이었는데도 로마에서는 그의 안전이 보장되었던 것입니다. 발리오니, 비텔리, 오르시니 파가 로마에 왔지만 그를 위협하는 어떤 일도 도모할 수 없었습니다. 그가 원하는 사람을 교황의 자리에 앉힐 수는 없었지만, 그가 원하지 않는 사람이 교황으로 선출되는 것을 막을 수는 있었습니다. 그러므로 알렉산데르가 사망할 당시 발렌티노 공작이 건강했다면, 모든 것이 달라질 수 있었을 것입니다. 율리우스 2세가 선출되던 날, 공작은 저에게, 자기 아버지가 세상을 떠나면 어떤 일이 일어날지 미리 생각해 보았으며, 모든 경우에 대한 대비책을 마련해두었다고 했습니다. 다만 그가 예상하지 못했던 것은, 아버지의 사망과 함께 자신도 죽음의 문턱에 서게 될 것이라는 사실이었다고 했습니다.

공작의 모든 행적을 돌아볼 때, 저는 그를 비판할 수 없습니다. 오히려 앞에서도 말씀드렸듯이, 다른 사람의 무력적 도움이나 운에 의지해서 군주의 자리에 오른 사람들이 그를 본받아야 한다고 생각합니다. 드높은 정신과 야망을 품은 그로서는 달리 행동할 도리가 없었을 것이기 때문입니다. 그의 계획이 좌절된 것은 알렉산데르 교황의 때 이른 죽음과 그 자신의 병 때문이었습니다. 그러므로 누구든 새로 군주가 되어 새 군주국에서 자신의 통치권을 굳건히 하고 우호 세력을 얻어야 할 때, 무력이나 계략으로 적대 세력을 물리쳐야 할 때, 백성이 사랑하면서도 두려워하는 군주가 되고자 할 때, 군사들이 따르면서도 경외하는 지도자가 되고자 할 때, 자기에게 위협이 될 수 있는 세력을 제거해야 할 때, 낡은 제도를 무너뜨리고 새 제도를 도입하고자 할 때, 혹독하면서도 너그럽고, 관대하면서도 개방적인 군주가 되고자 할 때, 충성하지 않는 군대를 해체하고 새 군대를 조직해야 할 때, 왕이나 군주들과 우호적인 관계를 유지해서 당신이 도움을 원할 때는 열성적으로 도와주고, 거스를 때는 지극히 신중하게 만들어야 할 때, 발렌티노 공작의 행적이 무엇보다 훌륭한 본보기가 될 것으로 생각합니다.

단 하나 그가 잘못한 것이 있다면 율리우스 2세를 교황으로 선출되게 한 것입니다. 그것은 잘못된 선택이었습니다. 앞서 말했듯이, 그는 마음에 드는 교황을 선출할 수는 없지만, 마음에 들지 않는 사람이 선출되는 것은 막을 수 있었습니다. 그랬던 만큼 공작은 그가 해를 입혔거나, 교황이 된 후에 그를 두려워할 이유가 있는 추기경 가운데 교황이 나오는 것에 동의하지 말았어야 합니다. 왜냐하면 인간은 두려움이나 증오심의 대상을 해칠 수 있기 때문입니다. 공작이 해를 입힌 추기경 중에는 산 피에트로 인 빈콜리, 콜론나, 산 조르조 그리고 아스카니오가 있습니다. 그 외에 루앙 추기경과 스페인 출신 추기경들을 제외한 나머지 추기경들은 교황이 된 후에 그를 두려워할 사람들이었습니다. 스페인 출신의 추기경들은 공작과의 관계와 그에게 진 빚 때문이며, 루앙의 추기경은 프랑스 왕국과의 관계를 기반으로 든든한 영향력을 가지고 있었기 때문입니다. 그러므로 공작은 무엇보다 스페인 출신이 교황의 자리에 오르도록 해야 했으며, 그렇지 않으면 산 피에트로 인 빈콜리가 아니라 루앙의 추기경이 선출되도록 지지했어야 합니다. 고위 인사에게 호의를 베풀어서 과거에 그에게 주었던 피해를 잊게 할 수 있다고 믿는다면 어리석은 일입니다. 그런 이유로 공작의 잘못된 선택은 그의 궁극적인 몰락을 초래하는 원인이 되었던 것입니다.

8장

사악한 방법을 써서 군주국을 차지한 사람들에 대하여

평범한 시민이 군주가 되는 데는 두 가지 방법이 있습니다. 두 가지 모두 운이나 뛰어난 역량에 의한 것이 아니기는 하지만, 그렇다고 하더라도, 뒷부분에서 공화국을 다루면서 자세히 말씀드리겠지만 여기서도 그에 대해 잠시 짚고 넘어가기로 하겠습니다. 그 두 가지 방법이란 사악하거나 부정한 방법으로 군주의 자리에 오르는 경우와 동료 시민들의 지지를 얻어 조국의 군주가 되는 경우를 말합니다. 첫 번째 방법을 말씀드리면서 고대와 현대의 예를 하나씩 들어 보겠습니다. 이 두 가지 예만으로도 그 방법을 따르려는 사람들에게는 충분한 본보기가 될 것이므로 더 이상의 설명은 덧붙이지 않겠습니다.

시칠리아 출신의 아가토클레스는 평범한 시민이 아니라 미천한 하층민 출신이었는데 시라쿠사의 왕이 되었습니다. 도공의 아들로 태어난 그는 비행을 일삼으며 굴곡진 삶을 살아가고 있었습니다. 삶이 불우했음에도 뛰어난 역량과 정신을 타고난 그는 군 복무를 하면서는 성심을 다했으며, 마침내 시라쿠사 군의 사령관 자리에 올랐습니다. 사령관의 자리에 오른 아가토클레스는 다른 누구의 도움도 받지 않고 자기가 가진 무력으로 군주가 되기로 마음먹었습니다. 그리고 이 일을 카르타고 출신의 하밀카르와 공모했습니다. 당시 하밀카르는 시칠리아에서 전투 중이었습니다. 어느 날 아침, 아가토클레스는 공화국의 일로 의논할 일이 있다는 핑계로 시라쿠사의 원로들과 시민들을 소집했습니다. 그리고 그가 신호를 보내자 군사들이 거기 모인 원로들과 부유층 시민들을 모두 죽였습니다. 이들이 죽자 아가토클레스는 아무 어려움 없이 군주의 통치권을 차지할 수 있었습니다. 그는 카르타고인들에게 두 번이나 패하고 궁극에는 완전히 포위되기까지 했지만 도시를 지켰으며, 군사들의 일부만 남겨두어 도시를 방어하게 하고, 자신은 나머지 군사들과 함께 아프리카를 공격했습니다. 그런 다음 짧은 시간에 시라쿠스를 적의 포위망에서 구했습니다. 최소한의 필요한 숫자만큼만 남겨진 카르타고인들은 아가토클레스와의 협상에서 시칠리아를 그에게 넘겨주고 아프리카를 차지하는 것으로 만족해야 했습니다.

아가토클레스의 행적과 뛰어난 기량을 살펴보면 운이 좋았다고 볼 수 있는 부분은 없습니다. 위에 언급되었다시피 그것들은 누군가의 도움으로 얻어진 것이 아니라 군 복무를 하면서 한 발 한 발 쌓아 올린 것이기 때문입니다. 한 발씩 내디딜 때마다 그는 수많은 역경과 위험을 감수해야 했으며, 자기 힘으로 그 많은 위험을 극복했습니다. 그렇지만 신뢰를 저버리고 무자비하고 반종교적으로 시민을 죽이고, 친구를 기만한 것을 기량이라고 할 수는 없을 것입니다. 그런 식으로는 제국을 얻을지언정 영광을 얻지는 못합니다. 그렇지만 위험을 향해 돌진하고, 그 속에서 자신을 구한 아가토클레스의 용기와 역경을 이겨낸 위대한 정신을 생각하면 여타의 훌륭한 사령관들보다 못한 평가를 받을 이유가 없습니다. 다만, 그의 야만적인 잔혹성과 약자에 대한 비인간적 처사들을 볼 때 그를 최고의 지도자라 칭송할 수는 없을 것입니다. 그가 성취한 것은 운에 의해서도 역량에 의해서도 아니었습니다.

알렉산데르 6세가 통치하던 우리 시대에는 페르모 출신

의 올리베로토가 있습니다. 그는 수년간 고아원에서 자라다가 외삼촌인 조반니 폴리아니의 양육을 받게 됩니다. 그러다가 청년이 되자 파올로 비텔리에게 보내져 전투 훈련을 받게 됩니다. 그의 휘하에서 훈련받으면 나중에 군대의 고위직에 오를 수 있을 것이라는 기대 때문이었습니다. 파올로가 죽은 뒤 그의 동생 비텔로초의 지휘에 따르던 올리베로토는 타고난 기지와 용맹함으로 군에서 최고 지휘관이 되었습니다. 그러나 다른 사람의 지휘 하에 사는 것이 너무도 하찮게 느껴진 올리베로토는 조국의 자유보다 노예의 삶을 택하는 게 유리하다고 여기는 페르모의 일부 시민들과 비텔로초의 도움으로 페르모를 장악하기로 결심합니다. 그리하여 외삼촌인 조반니 폴리아니에게 편지를 써서, 집을 떠나온 지 수년이 되었으니 한 번 방문해서 삼촌도 만나고 아버지의 유산도 확인하고 싶다고 말합니다. 그리고 자기가 열심히 노력한 것은 오직 명예를 얻기 위해서였던 만큼, 그동안 헛되게 살지 않았다는 것을 고국의 시민들에게 보여주기 위해 친구와 부하 중에 선발한 100명의 기마병을 이끌고 영예로운 모습으로 귀환하고 싶다고 했습니다. 또한 삼촌에게 페르모인들의 정중한 환영을 받을 수 있도록 주선해달라고 간청하면서, 이렇게 하는 것은 자기만 영예롭게 하는 것이 아니라 그를 키워준 삼촌에게도 영광이 돌아가는 일이 될 것이라고 했습니다.

조카의 부탁을 들은 조반니는 그를 영예롭게 맞이하는 일에 조금도 빈틈이 없도록 신경을 썼으며, 페르모의 시민들과 함께 그의 방문을 환영했습니다. 그리고 조카를 그의 집에 묵게 했습니다. 며칠을 지내면서 사악한 계획을 위해 치밀한 준비를 마친 올리베로토는 성대한 연회를 열었습니다. 그리고 조반니 폴리아니와 페르모의 주요 인사들을 초대했습니다. 연회의 의례적인 식사와 여흥이 끝나자 올리베로토는 알렉산데르 교황과 그의 아들 체사레 보르자의 위대함과 그들의 업적을 이야기하면서 의도적으로 대화를 심각한 방향으로 이끌어갔습니다. 그러다가 조반니를 포함해서 몇 사람이 그의 이야기에 대꾸하자, 올리베로토는 이런 이야기는 좀 더 사적인 자리에서 나누는 게 좋겠다고 하면서 자리에서 일어나 다른 방으로 들어갔습니다. 조반니와 몇 명의 시민들도 올리베로토를 따라 방으로 들어갔습니다. 이들이 자리에 앉자마자 숨어 있던 병사들이 나타나 조반니를 포함해서 모두 죽였습니다. 이렇게 집단 살해를 감행한 올리베로토는 말을 타고 마을을 가로질러 최고 행정관의 관사를 포위했습니다. 겁에 질린 관료들은 그에게 복종했고, 그는 새 정부를 구성하고 스스로 군주가 되었습니다. 올리베로토는 자신에게 해를 끼칠 수 있는 사람들을 모두 죽이고 새로운 민정 및 군사 제도를 확립하여 통치권을 강화했습니다. 그 후 일 년이 지나기 전에 올리베로토는 페르모 시에서 확고한 기반을 다졌을 뿐 아니라 주변 국가들 사이에서도 두려운 존재가 되었습니다. 만약 올리베로토가, 앞에서 언급했던 것처럼, 세니갈리아에서 오르시니, 비텔리와 함께 체사레 보르자의 함정에 걸려들지 않았더라면, 그를 군주의 자리에서 축출하는 일은 아가토클레스를 축출할 때만큼이나 힘들었을 것입니다. 이렇게 존속살해를 저지른 지 일 년이 지난 후, 올리베로토는 그가 용맹성과 사악함의 스승으로 삼았던 비텔로초와 함께 교수형을 당합니다.

어떻게 아가토클레스와 그 외의 몇몇 인물들은 그렇게 무수한 배신과 잔혹한 일들을 저지르고도 오랫동안 안전하게 집권하면서 외적으로부터 자기들을 지킬 수 있었는지, 또 시민들은 왜 그들을 몰아내기 위한 음모를 꾸미지 않았는지 의문을 가지는 사람들이 있을지도 모르겠습니다. 잔혹한 행적을 보인 다른 여러 지도자의 경우를 보면, 모든 것이 불확실한 전시 상황에는 물론 평화로운 시기에도 오랫동안 통치권을 유지할 수 없었기 때문입니다. 저는 이것이 잔혹함을 적절한 방법으로 행사했는가, 그렇지 못한가에 달려 있다고 생각합니다. 만약 잔혹성이 일회적으로 저질러졌으며, 본인의 안전을 위해 불가피한 일이었고, 그 후로 신민들의 유익을 위해서가 아닌 일에 그 악행을 계속하지 않는다면, 그는 잔혹성을 합당하게 행사한(악을 행하는 데 '합당하게 행사한다'라는 표현을 쓰는 것이 옳은지 모르겠지만) 것이라고 할 수 있겠습니다. 반면 잔혹성이 잘못 쓰였다는 것은 처음에는 아주 드물게 드러나지만, 시간이 지나면서 그것이 사라지기보다 오히려 점점 더 자주 드러나는 경우를 말합니다. 전자의 경우를 따르는 군주는, 아가토클레스가 그랬던 것처럼, 신과 백성의 도움으로 그들의 통치 방향을 호전시킬 수 있습니다. 하지만 반대의 경우를 따르는 군주는 권력을 유지하지 못합니다.

그러므로 국가를 정복할 때는 그 과정에서 초래될 수밖에 없는 피해와 상처를 세심하게 살펴야 합니다. 그리고 매일 반복적으로 행하기보다는 단 한 번의 충격으로 끝내야 합니다. 그래야만 시민들의 분노를 사지 않고 그들을 안심시킬 수 있으며, 그다음에 혜택을 베풀어 그들의 환심을 살 수 있습니다. 소심한 마음을 가지거나 잘못된 조언을 듣고 다른 방법을 택하면 손에서 칼을 끝까지 내려놓을 수 없게 됩니다. 혹독한 정치 행적을 일상적으로 반복하다 보면 군주도 신민을 믿고 의지하지 못하고, 신민도 안심하고 군주를 따를 수 없기 때문입니다. 해악은 단번에 끼쳐질 때, 아픔도 덜하고 분노도 덜 일으킵니다. 반면에 혜택은 조금씩 베풀어야 그 맛을 오래도록 느낄 수 있습니다.

그리고 무엇보다도 군주는 그의 백성들이 있는 곳에 정주해야 합니다. 그래야 예기치 않은 상황에 부딪혀 갑자기 자신의 통치 방식을 수정하는 일을 피할 수 있습니다. 소요가 일어났을 때 곧바로 강경하게 대응하지 못하면, 뒤늦게 미온한 회유책을 써 보아야 아무런 소용이 없습니다. 백성들은 이미 당신이 어쩔 수 없는 상황에 밀려 그러는 것임을 알아차릴 것이고, 따라서 전혀 감사하지 않을 것이기 때문입니다.

9장

시민 군주국에
대하여

이제 또 다른 형태의 군주국에 대해 말씀드리겠습니다. 바로 시민 중에 지도력을 가진 사람이 자기 나라의 군주가 되는 형태로, 사악함이나 가혹한 폭력에 의해서가 아니라 동료 시민들의 지지를 얻어서 군주가 되는 것으로, 이를 시민 군주국이라 부릅니다. 이를 위해서는 뛰어난 역량이나 행운만이 아니라 예리한 통찰력과 영민함도 필요합니다. 시민 군주국의 군주는 시민들의 지지로 군주의 자리에 오른 경우와 귀족의 지지로 오른 경우로 나누어 볼 수 있습니다. 모든 도시는 시민 계층과 귀족 계층으로 이루어져 있는데, 시민은 귀족의 지배와 억압을 피하고 싶어 하고, 귀족은 시민을 지배하며 억압하고 싶어 합니다. 이렇게 상반되는 욕망이 도시 안에 팽만할 때, 세 가지 중 하나의 결과를 예상할 수 있습니다. 바로 군주정, 공화정, 무정부 중 하나가 생겨나는 것입니다.

군주정은 시민이나 귀족 중에 기회를 잡는 쪽에 의해 생겨날 수 있습니다. 시민들의 압박을 견딜 수 없어진 귀족들은 그들 중 한 사람을 추대하여 군주의 자리에 앉힙니다. 그런 다음 군주의 그늘에서 자기들의 야심을 충족시키려는 것입니다. 시민들도 귀족의 압제에 대항할 수 없다고 느낄 때, 그들 중 한 사람을 내세워 군주로 옹립하고 그의 권력 안에서 보호받고자 합니다. 귀족에 의해 통치권을 잡게 된 군주는 시민의 지지로 군주가 된 경우보다 권력을 유지하기가 어렵습니다. 왜냐하면 전자의 경우, 군주의 주변에 모여 있는 귀족들은 스스로 군주와 동등하다고 생각하고 있기 때문입니다. 따라서 군주가 재량껏 이들을 지배하거나 통제할 수 없습니다. 하지만 대중에 의해 군주의 자리에 오른 사람은 그 권력을 혼자 쥐고 있으므로 주변에 그를 거역할 사람이 없거나, 있어도 극히 소수에 불과합니다.

공평한 처사나 아무에게도 해악을 끼치지 않는 통치를

내세운다면 귀족들을 만족시킬 수 없습니다. 하지만 시민들은 만족시킬 수 있습니다. 억압받지 않으려는 시민의 목표가 억압하려는 귀족의 목표보다 훨씬 정당하기 때문입니다. 또한 가지 생각해야 할 사실이 있습니다. 시민이 군주로부터 돌아서서 적이 되었을 경우, 군주는 자신의 안전을 확신할 수 없습니다. 시민은 숫자가 많기 때문입니다. 반면에 귀족들은 숫자가 적기 때문에 그들이 적이 되었다 해도 군주는 안전할 수 있습니다. 시민이 적이 되었을 때, 군주가 두려워해야 하는 최악의 사태는 시민들로부터 외면당하는 것이지만, 귀족들이 적이 되었을 때는 외면당하는 것뿐 아니라 반란을 일으켜 그를 몰아내는 사태까지 걱정해야 합니다. 귀족들은 계산이 빠르고 교활하여 언제나 자신을 보호할 방도를 먼저 생각합니다. 따라서 승산이 있는 쪽의 호의를 얻어 두는 것입니다. 그러나 다른 한편으로 생각해 보면 군주는 백성을 바꿀 수 없지만, 귀족은 언제든 직위를 주었다가 해임할 수 있고, 명예도 주었다가 빼앗을 수 있습니다.

이 부분을 좀 더 명확하게 정리하기 위해서는 귀족을 두 그룹으로 나누어 살펴볼 필요가 있습니다. 자신의 운명을 군주인 당신의 운명과 결부시켜 생각하는 이들과 그렇지 않은 이들입니다. 군주의 운명에 스스로 일치시키고 탐욕을 부리지 않는 자들은 예우해주고 아껴주어야 합니다. 그렇지 않은 자들은 두 부류로 나눌 수 있는데, 그 하나는 천성적으로 겁이 많고 기백이 부족한 자들입니다. 이들은 군주가 잘 활용하면 되는데, 특히 훌륭한 자문을 해 줄 수 있는 자들을 등용하면 좋습니다. 그렇게 되면 평시에는 그들이 당신을 빛내줄 것이고, 위기가 닥쳐도 그들을 두려워할 필요가 없습니다. 하지만 야심을 품어서 충성하지 않는다면 그들은 군주인 당신보다 자기들의 안위를 더 중요하게 생각하는 것이므로 적으로 생각하고, 경계하고 두려워해야 합니다. 이런 자들은 군주가 위기에 처했을 때 무너뜨리려 들 것입니다.

시민의 지지를 얻어 군주가 된 자는 그들의 호의를 잃지 말아야 합니다. 이는 아주 쉬운 일인데, 그들이 원하는 것은 오직 자기들을 억압하지 않는 것이기 때문입니다. 하지만 시민들은 반대하는데 귀족들의 호의로 군주가 된 자는 무엇보다 먼저 시민들의 마음을 자기에게로 돌려놓아야 합니다. 이는 그들을 보호해줌으로써 쉽게 이룰 수 있습니다. 사람들은 잔혹할 줄 알았던 상대로부터 선의를 받으면 더 깊이 감사하고 그에게 마음을 주게 되어 있습니다. 그러므로 그들이 추대해서 군주가 된 경우보다 더한 충성을 바칠 것입니다. 군주는 여러 가지 방법으로 시민의 환심을 살 수 있지만, 어떤 방법이 최선인가는 상황에 따라 다를 것이므로 규칙을 정할 수는 없을 것 같습니다. 다만 다시 한 번 강조할 것은 민심을 얻지 않고는 군주의 안위가 보장될 수 없다는 사실입니다.

스파르타의 군주 나비스*는 그리스 전역에서 뻗어오는 공격과 승승장구하던 로마군의 공격을 견뎌냈으며, 그들로부터 국가와 정부를 지켰습니다. 이러한 위기 상황을 극복하기 위해 그는 단지 소수의 반대 세력만 제압하면 되었습니다. 하지만 민중이 그의 적이 되었다면 그럴 수 없었을 것입니다. '민중을 토대로 삼은 사람은 진흙을 토대로 삼은 것과 같다'라는 진부한 격언을 들어 이의를 제기하는 사람이 없기를 바랍니다. 민중을 발판으로 권력을 잡은 평범한 시민이 적이나 정부 관리의 압박을 받는 상황에서 민중들이 그를 구해줄 거라고 믿는 경우라면 이 속담이 맞을 것입니다. 그런 상황이라면 로마의 그라쿠스 형제나 피렌체의 조르조 스칼리가 그랬던 것처럼 자기기만에 빠질 수 있습니다. 하지만 위의 경우에서처럼 민중을 이끌 수 있고, 용감하고 유능해서 역경

---

* 스파르타의 독재자. 기원전 195년, 플라미니누스가 이끄는 로마군에 패했으며, 기원전 192년에 피살되었다.

에 굴하지 않으며, 자신의 의지와 열정으로 백성을 북돋우는 군주라면 그런 식으로 민중에게 기만당하지 않을 것이며, 그들이 자신의 굳건한 토대가 되어준다는 사실을 확신할 수 있을 것입니다.

시민 군주국이 절대적인 통치체제로 변화되어 가는 과정에서 군주들은 위험에 부딪히게 됩니다. 시민 군주국의 군주는 직접 통치하거나 행정 관리들을 통해 지배하기 때문입니다. 후자의 경우 통치체제는 더욱 허약하고 불안정할 수밖에 없는데, 그 이유는 군주의 통치권이 전적으로 관리의 자리에 있는 시민들의 호의에 달려 있기 때문입니다. 특히 위기 상황이 닥쳤을 때 이들은 음모나 반란을 통해 쉽게 정부를 무너뜨릴 수 있습니다. 이런 상황이 오면 군주는 절대 권력을 행사할 수 없습니다. 행정관료들의 지시를 받는 데 익숙해져 있는 신민들은 혼란스러운 상황에서 군주의 명령에 복종할 태세가 되어 있지 않으며, 군주는 모든 것이 불확실한 상황에서 믿고 의지할 수 있는 사람을 찾기 힘들 것이기 때문입니다. 그럴 때 군주는 그들에게 정부가 필요했던 평화로운 시기에 시민들이 보여주었던 모습을 더 이상 기대할 수 없습니다. 그때는 모두가 군주의 말을 따랐을 것입니다. 죽음이 멀리 있을 때는 모두 군주를 위해 죽을 수도 있다고 맹세

했겠지만, 막상 위기가 닥쳐 정부가 시민을 필요로 하는 상황이 되면 믿고 의지할 수 있는 사람은 극소수입니다. 더구나 이를 시험해 보고자 한다면 그 한 번이 마지막이 될 수 있으므로 매우 위험합니다. 그러므로 현명한 군주는 시민들이 언제 어떤 상황에서도 정부를 필요로 하는 정치를 합니다. 그러면 그는 언제나 충실한 시민을 만나게 될 것이기 때문입니다.

10장

군주국의 힘은
어떻게 측정되어야 하는가

군주국의 특성을 살펴볼 때 또 하나 고려해야 할 것이 있습니다. 그것은 바로 군주가 힘을 가졌는가 하는 문제입니다. 필요한 경우 자기 힘으로 자신을 지킬 수 있는지, 아니면 외부의 도움이 필요한지를 말하는 것입니다. 좀 더 명확하게 말하자면, 인적 자원이나 돈이 충분해서 적의 공격을 받았을 때, 대항해서 싸울 군대를 구성할 수 있다면 스스로 지킬 힘이 있는 것입니다. 하지만 전쟁터에 나가 적을 마주하지 못하고 성벽 뒤에 숨어 있다면 남의 도움이 필요한 것입니다. 전자의 경우는 이미 논의했으며, 필요한 부분에 가서 다시 언급할 것입니다. 후자의 경우에 대해서는, 주변의 영토에는 신경 쓰지 말고 우선 도시 방어책을 마련하고 도시를 요새화하라고 권하는 것 외에 달리 조언할 말이 없습니다. 군주가 도시 방어를 강화하고 위에 언급된 대로 관리들을 다스린다면, 누구든 그를 공격하려 할 때 무척 조심하고 신중할 것입니다. 어려울 것이 뻔한 전투는 누구든 꺼리게 마련인데, 요새화된 도시에서 시민들의 지지를 받는 군주는 공격하기 어려운 상대로 보일 것이 분명하기 때문입니다.

독일의 도시들은 철저하게 독립적이며, 주변에 시골 지역이 별로 없습니다. 또한 자기들이 원할 때는 황제에게 복종하지만, 황제나 주변의 세력들을 두려워하지는 않습니다. 이 도시들은 모두 요새화되어 있으므로, 그것을 공격해서 빼앗는 일은 무척이나 어렵고 힘든 일이 될 것을 모두가 알고 있기 때문입니다. 해자와 성벽들이 절묘하게 구축되어 있으며, 충분한 대포가 있고, 공공 창고에는 일 년 동안 먹고 마시고 싸울 수 있는 물자가 비축되어 있습니다. 또한 국고를 축내지 않고도 시민들을 충족시키기 위해 공동체에 일거리를 주어 도시민들이 도시에 필요한 일에 종사하면서 생활을 해결할 수 있도록 합니다. 또한 군사 훈련을 중시하며, 이를 유지하기 위해 많은 규정을 정해두고 있습니다.

이렇게 굳건한 도시를 가지고 민중의 반감을 사지 않은 군주는 쉽게 공격받지 않으며, 만약 공격받더라도 공격한 자가 망신만 당하고 후퇴하게 될 것입니다. 세상일이라는 게 늘 변화무쌍한 것이어서 군대가 일 년씩이나 성을 포위한 채 들판에서 지내게 된다면 아무 사고도 일어나지 않는 것이 불가능하기 때문입니다. 누군가는 이렇게 말할 수도 있습니다. "도시 밖에 재산이 있는데 그것이 불타고 있다면 가만히 보고만 있지는 못할 것이다. 오랫동안 포위되어 있는 상태에서 재산상의 손해까지 보게 된다면 시민들은 더 이상 군주를 따르지 않을 것이다." 하지만 저는 이렇게 답하겠습니다. 강력하고 용맹스러운 군주라면 신민들에게 때로는 그러한 고난이 오래 남지 않았다는 희망을 주고, 때로는 적의 잔혹함으로 겁을 주면서, 동시에 지나치게 나서는 자들은 교묘하게 처리하여 자신을 지키면서 모든 역경을 이겨낼 것이라고 말입니다.

게다가 적군은 도착하면서 성 밖의 지역을 불태우고 파괴하겠지만, 그때는 시민들의 사기가 드높아서 적에 맞서 방어할 태세를 갖추고 있을 것이므로 군주는 크게 걱정하지 않아도 됩니다. 그리고 며칠이 지나 시민들의 사기가 가라앉고 피해가 이미 일어난 후에는 모든 나쁜 일은 이미 지나간 다음이고, 달리 복구할 방법이 없으므로 시민들은 군주를 중심으로 뭉칠 수밖에 없을 것입니다. 더구나 시민들은 자기들이 군주를 지키느라 집과 재산을 잃었으므로 군주가 빚을 진 것으로 생각할 것이며, 사람들은 자기가 도움을 받은 자에게뿐만 아니라 베푼 자에게도 돈독한 유대를 느끼는 본성을 가지고 있습니다. 그러므로 이 모든 점들을 고려할 때, 현명한 군주라면 시민들을 먹이고 보호해주는 일에 실패하지만 않으면 그들의 마음을 처음부터 끝까지 자기에게 기울게 하는 것이 어렵지 않을 것입니다.

11장

교회 군주국에
대하여

이제 교회 군주국에 대한 논의만 남았습니다. 교회 군주국은 그것을 획득하는 과정에 모든 어려움이 다 들어 있다고 볼 수 있습니다. 교회 군주국은 역량이나 행운에 의해서 얻어지지만, 그것을 유지하는 데는 그중 어느 것도 꼭 필요하지 않습니다. 교회 군주국을 뒷받침하는 것은 고대로부터 내려오는 종교 규범입니다. 종교 규범은 무엇보다 강력하므로 군주의 통치 방식이나 행적도 국가의 존속에 결정적 영향을 미치지 않습니다. 군주는 국가의 주인이지만 방어하지 않으며, 신민을 거느리고 있어도 통치하지 않습니다. 국가는 방어하지 않아도 빼앗기지 않으며, 신민은 자기들을 통치하지 않아도 개의치 않으며, 군주로부터 돌아설 마음도 없고, 그것이 가능하지도 않습니다. 그러므로 안전하고 복됩니다. 교회 군주국은 인간의 마음이 가늠할 수 없는 힘의 섭리로 세워지고 다스려지는 것이므로 저는 더 이상의 언급을 삼가겠습니다. 사람이 그것에 대해 논하는 것은 주제넘고 경솔한 행동이 될 것이기 때문입니다.

누군가 제게 이렇게 물을지도 모릅니다. "교회는 어떻게 그렇게 엄청난 세속적 권력을 가질 수 있게 되었는가?" 알렉산데르 교황 이전에는 이탈리아의 세력들, 소위 '강대국'이라 불리는 세력들뿐 아니라 하급 귀족이나 영주들까지도 교회의 세속적 권력을 하찮게 여겼습니다. 그런데 이제 교황의 세력은 프랑스의 왕도 벌벌 떨게 하고, 그를 이탈리아에서 쫓아낼 수도 있으며, 베네치아를 몰락시킬 수 있을 만큼 강해졌으니 말입니다. 이미 공공연한 사실이기는 하지만, 다시 한번 기억을 상기시킨다고 해서 지나치지는 않으리라 생각합니다.

프랑스의 샤를 왕이 이탈리아를 침범하기 전, 이 나라는 교황과 베네치아 공화정, 나폴리의 왕, 밀라노의 공작, 피렌체 공화정이 지배하고 있었습니다. 이들에게는 두 가지 주된 불안 요인이 있었는데, 하나는 어떤 외부의 세력도 무력으로 이탈리아를 침범해서는 안 된다는 것이었고, 또 다른 하나는 그들 중 누구도 영토를 더 확장해서는 안 된다는 것이었습니다. 그중에도 가장 불안한 상대는 교황과 베네치아 공화정이었습니다. 베네치아 공화정을 견제하기 위해 다른 세력들은 페라라를 방어할 때처럼 힘을 모았습니다. 교황을 견제하기 위해서는 로마의 귀족들을 이용했습니다. 당시 로마의 귀족들은 오르시니 파와 콜론나 파로 나뉘어 반목하고 있었기 때문에 혼란의 소용돌이가 감돌았으며, 교황 앞에서도 늘 손에 무기를 들고 지낼 만큼 교황의 권위는 무력했습니다. 식스투스처럼 용기 있는 교황이 선출될 때도 있었지만, 그의 좋은 운이나 지혜도 이 난제를 해결하지는 못했습니다. 또한 교황의 재위 기간이 짧은 것도 권위를 약화하는 요인이었습니다. 교황의 평균 재위 기간인 10년 이내에 어느 한 파벌을 제거하기는 어려웠기 때문입니다. 그리고 어느 한 교황이 콜론나 파를 거의 제거했다고 해도, 그다음에 오르시니 파에 적대적인 교황이 선출되면, 그들의 적이 되는 콜론나 파를 다시 지지해주곤 했습니다. 그렇다고 해서 그에게 오르시니 파를 완전히 제거할 만큼 충분한 시간이 있었던 것은 아니었습니다. 이탈리아에서 교황의 세속 권력이 대단하게 여겨지지 않았던 것은 바로 이러한 이유에서였습니다.

교황 알렉산데르 6세는 금전적으로나 군사적으로 교황이 어디까지 성취할 수 있는가를 다른 어느 교황보다 잘 보여주었습니다. 또한 발렌티노 공작을 앞세우고 프랑스의 침략을 빌미로 삼아 자기가 계획했던 모든 것을 이루었습니다. 그에 대해서는 앞서 발렌티노 공작의 행적을 다루면서 말씀드렸습니다. 알렉산데르의 목적은 교회의 세력이 아니라 공작의 세력을 확장하는 것이었습니다. 그렇다고 해도 그의 성취는 교회의 권력을 강화하는 데 이바지했으며, 그가 죽고 공작이 몰락한 후에도 그 노력의 결실은 교회를 통해 이어졌습니다.

그리고 율리우스 교황이 즉위했을 즈음에는 교회의 세력이 강성하여 로마냐 전 지역을 장악하고 있었습니다. 로마의 귀족들은 무력해졌으며, 알렉산데르의 강력한 조치로 파벌들도 몰락했습니다. 그러한 상황에서 율리우스 교황은 알렉산데르 교황 이전에는 아무도 생각하지 못했던 방법으로 재물을 축적할 수 있는 길이 열려 있다는 사실도 알게 되었습니다. 율리우스는 그 길을 따르기만 한 것이 아니라 더욱 발전시켰으며, 볼로냐를 점령하고 베네치아를 멸망시킨 다음 프랑스군을 이탈리아에서 몰아내기로 마음먹었습니다. 그의 모든 계획은 성공을 거두었는데, 그 모든 것은 개인의 권력을 위해서가 아니라 교회를 위해서였으므로 그 점에 있어서는 신망을 얻을 만했습니다. 하지만 오르시니 파와 콜론나 파는 그의 영향권 내에 두었습니다. 그들 중에는 소요를 일으키고자 하는 자들도 있었지만, 율리우스는 두 가지를 확실하게 해 두었습니다. 하나는 그들이 교회의 거대한 힘을 두려워하게 만드는 일이었으며, 그들을 이끌 수 있는 추기경이 나오지 않도록 하는 것이었습니다. 귀족들은 자기들이 원하는 추기경이 선출되면 곧 소요를 일으키곤 했는데, 로마의 안팎에서 추기경들이 파벌을 부추기고 귀족들은 이를 지지하지 않을 수 없었기 때문입니다. 이렇게 고위 성직자들의 야심이 귀족들 간에 혼란과 소요를 일으켰던 것입니다. 그리고 이제 교황 레오 10세 성하*가 이처럼 막강한 교황의 직책을 맡게 되신 것입니다. 그러므로 다른 교황들이 무력으로 그 직분을 드높였다면 교황 레오 성하께서는 당신의 선함과 무한한 덕으로 더욱 위대하고 경애 받는 교황이 되시기를 간구합니다.

---

* 교황 레오 10세는 데 메디치 추기경이다.

12장

군대의 종류와
용병에 대하여

앞에서는 군주국의 특성을 논하면서 그들이 강성하고 멸망하게 된 여러 원인을 살펴보고 군주국을 획득하고 유지하는 방법들을 제시하였습니다. 이제 그들이 채택할 수 있었던 공격 및 방어의 보편적인 방법들에 대해 논하겠습니다.

위에서 언급했듯이 군주는 권력의 기반을 탄탄히 다져야 합니다. 그러지 않으면 몰락할 수밖에 없습니다. 세습 군주국이든 신생 군주국이든 복합 군주국이든, 모든 국가의 기반은 법과 군사력입니다. 군사력이 제대로 갖추어져 있지 않으면 좋은 법제를 세울 수 없는 것과 같은 원리로, 군사력이 탄탄한 국가는 좋은 법제를 갖추고 있습니다. 여기서 저는 법은 제쳐두고 군대에 대해서만 말씀드리겠습니다.

군주는 국가를 지키기 위해 자신의 군대, 용병이나 지원군, 또는 둘의 혼성군을 이용합니다. 그런데 용병과 지원군은 무익할 뿐 아니라 위험합니다. 국가의 안위를 용병과 지원군에 의존한다면 평안과 안보를 기대할 수 없습니다. 왜냐하면 이들은 통합되어 있지 못하며 자기대로의 야심이 있기 때문입니다. 그러면서 기강이 바로 서 있지 못하고 신의도 없습니다. 동료들 앞에서는 용감한 척하지만, 적 앞에서는 비겁합니다. 이들은 신을 두려워하지 않으며, 사람에 대한 신의를 지킬 줄도 모릅니다. 그리고 적의 공격이 시작되면 곧바로 무너집니다. 결국 백성들은 평화 시에는 용병들에게 약탈당하고, 전시에는 적군에 약탈당합니다. 사실 그들은 얼마 안 되는 보수 외에는 전쟁터를 지킬 이유도 그럴 의지도 없으므로, 당신을 위해 목숨을 걸 수 없는 것입니다. 당신이 전쟁을 일으키지 않는 동안은 당신 나라의 군인이 되어주겠지만, 전쟁이 일어나면 곧장 탈영하거나 적으로부터 달아납니다. 이는 아주 쉽게 입증할 수 있습니다. 이탈리아가 멸망한 이유가 수년 동안 국가의 모든 희망을 용병에 걸었다는 사실 외에는 없기 때문입니다. 비록 처음에는 일부 용병들이 공도 세우고 용맹을 떨치기도 했지만, 외적의 침입이 시작되자, 그들의 참모습이 드러났습니다. 그 덕분에 프랑스의 샤를 왕은 분필 하나를 들고 이탈리아를 점령한 셈이 된 것입니다*. 누군가 우리의 죄악이 그런 결과를 가져왔다고 말한다면 그것은 진실일 것입니다. 하지만 여기서 죄악은 그가 생각하는 것이 아니라 제가 위에서 언급한 바로 그 죄입니다. 그리고 그것은 군주가 저지른 죄이므로 그 대가를 치르는 것도 군주입니다.

이러한 용병의 병폐에 대해 좀 더 말씀드리겠습니다. 용병대장들은 유능한 인물일 수도 있고, 그렇지 못할 수도 있습니다. 만약 그가 유능한 인물이라면 믿지 말아야 합니다. 그의 마음속에는 언제나 자기가 위대해지고 싶은 열망이 있기 때문입니다. 그러기 위해 주인인 당신을 제압하거나 당신의 의사에 반해서 다른 자를 공격할 수 있습니다. 용병대장이 무능하다면 당신은 당연히 몰락할 것입니다.

용병이든 아니든 무력을 가진 사람은 누구든 그렇게 행

---

* '분필로'라는 표현은 알렉산데르 4세의 말이다. 샤를 8세가 이탈리아를 점령할 때 어찌나 쉽게 들어왔던지, 분대장들을 마을에 보내서 병사들이 숙소로 사용할 집을 분필로 표시만 하면 될 정도였다는 비유적 표현이다.

동할 것이라는 반론을 제기하는 사람이 있다면 저는 그 무력을 군주나 공화정에서 통제한다는 전제하에 대답하겠습니다. 이 경우 군주는 사령관으로서 직접 군대를 이끌어야 하며, 공화정은 자국의 시민을 보내야 합니다. 만약 파견된 시민 중에 제 몫을 다하지 못하는 사람이 있으면 불러들여야 하며, 잘 싸우는 사람은 법규에 따라 명령체계를 벗어나지 못하게 해야 합니다. 경험에 비추어 볼 때, 독자적으로 힘을 키운 군주나 공화정은 진보를 이루지만, 용병을 이용한다면 이들은 손해만 끼칠 뿐 도움이 되지 않습니다. 자기 힘으로 무장한 공화국은 외국의 군대로 무장한 공화국보다 자국의 시민 한 명이 흔들어 무너뜨리기가 훨씬 더 어렵습니다. 로마와 스파르타는 수 세기 동안 자력으로 무장을 했기 때문에 자유를 누리며 살아왔습니다. 스위스인들도 완벽하게 무장하고 온전한 독립국을 유지하고 있습니다.

고대의 용병제를 예로 들어 본다면, 카르타고가 있습니다. 로마와 첫 번째 전쟁이 끝난 후, 카르타고인들은 용병 지휘관들이 자국의 시민들이었는데도 그들에게 억압당했습니다. 에파미논다스가 죽은 후, 테베인들은 마케도니아의 필리포스를 자기들 군대의 대장으로 삼았는데, 그는 전쟁에서 승리한 후 테베인들의 자유를 박탈했습니다.

필리포 공작이 죽은 후, 밀라노인들은 베네치아인들에 대항하여 싸울 용병대장으로 프란체스코 스포르차를 고용했는데, 그는 카라바조에서 적을 물리친 후 고용주인 밀라노인들을 멸망시키고자 적과 결탁했습니다. 그의 부친인 무치오 스포르차는 나폴리의 조반나 여왕에 의해 용병대장으로 고용되었는데, 갑자기 여왕을 무방비 상태로 남겨두고 떠나는 바람에 여왕은 왕국을 구하기 위해 아라곤 왕의 손에 자신을 맡겨야 했습니다. 만약 베네치아인들과 피렌체인들이 용병들을 고용해서 영토를 확장했는데도 그 용병대장들이 스스로 군주의 자리에 오르려는 욕심을 내지 않고 자기 고용주들을 보호해 주었다면, 그건 피렌체인들이 매우 운이 좋았던 것입니다. 왜냐하면 그들이 두려워할 만큼 유능한 용병대장들의 경우, 전쟁에서 승리하지 못했거나, 저항에 부딪혔거나, 아니면 엉뚱한 방향으로 야심을 돌렸기 때문입니다. 전쟁에서 승리하지 못한 용병대장은 바로 조반니 아쿠토*인데, 이기지 못했으므로 그의 충성심을 확인할 수는 없지만, 만

---

* 조반니 아쿠토(1328(?)-1394). 영국 출신 용병대장 존 호크우드를 가리킨다. 프랑스에서 영국전에 참가하여 싸웠으며, 에드워드 3세로부터 기사 작위를 받았다. 그 후 용병대를 조직하여 이탈리아로 갔는데, 이들이 그 유명한 '백색용병대'다.

일 그가 이겼더라면 피렌체는 그의 통치 아래 들어갔을 것이라는 사실은 모두가 인정할 것입니다. 스포르차는 브라체시의 군대와 대립하고 있었으며, 늘 서로를 경계했습니다. 프란체스코는 자기 야망을 따라 롬바르디아로 향했으며, 브라초는 교회와 나폴리 왕국에 적대적이었습니다. 근래에 일어난 일을 살펴보기로 하겠습니다. 피렌체인들은 파올로 비텔리를 용병대장으로 고용했는데 그는 매우 신중하고 유능한 사람이어서 평민의 신분으로 위대한 업적을 쌓아 명성을 얻었습니다. 만약 그가 피사를 점령했더라면 피렌체인들이 그를 계속 고용했을 것이라는 사실은 누구도 부정하지 않을 것입니다. 그가 적군이 되어 싸운다면 대항할 방법이 없었기 때문입니다. 하지만 그를 계속 고용한다면 그는 피렌체인들 위에 군림했을 것입니다. 베네치아인들의 행적을 살펴보면, 그들이 자기 나라의 귀족과 평민들로 이루어진 무장 군인들로 용감하게 싸웠기 때문에 안보와 명예를 지킬 수 있었다는 것을 알 수 있습니다. 하지만 이것은 이탈리아 본토에서 전쟁하기 전이었고, 본토에서 전쟁이 시작되자 용맹의 미덕은 저버리고 관습을 따랐습니다. 본토에서 영토를 확장하기 시작할 무렵에는 영토가 많지 않았고 명성을 떨치고 있었으므로, 용병대장들을 두려워할 이유가 없었습니다. 하지만 카르마뇰라*의 지휘 아래 영토를 확장하게 되자 그들이 어떤 실수를 저질렀는지 깨달을 수 있었습니다. 그의 지휘로 밀라노의 공작을 물리치자 그의 용맹스러움이 입증되었는데, 동시에 그가 전쟁에 임하는 자세가 회의적이라는 사실도 알게 되었습니다. 그러자 베네치아인들은 더 이상 그를 내세워 영토 전쟁에서 승리하기는 힘들겠다는 우려를 하게 되었고, 그러한 이유로 그를 더 이상 전쟁터에 보낼 수 없었습니다. 따라서 자기들이 정복한 영토를 다시 잃지 않기 위해서 그를 살해하지 않을 수 없었습니다. 그의 뒤를 이은 용병대장으로는 베르가모 출신의 바르톨로메오, 산세베리노 출신의 로베르토, 피틸리아노의 백작 등이 있는데, 그들의 도움으로 영토를 얻기는커녕 잃을까 봐 걱정해야 했습니다. 훗날 바일라에서 실제로 그런 일이 일어났는데, 그들이 800년에 걸쳐 갖은 고난을 겪으며 얻은 것을 단 한 번의 전투에서 모두 잃었습니다. 이런 식으로 용병을 내세워 싸우는 전쟁은 승리는 더디게 오고 보잘것없는 반면, 손실은 갑작스러우면서도 처참합니다.

---

* 본명은 프란체스코 부소네로 1390년경 카르마뇰라에서 태어났다. 1432년 5월 5일, 베니스에서 반역죄로 처형되었다.

위의 사례들은 오랫동안 용병들이 우세를 떨쳤던 이탈리아에서 가져온 것들인 만큼 좀 더 면밀하게 살펴보기로 하겠습니다. 그들이 등장해서 세력을 키워가는 과정을 살펴보면 보다 나은 대비책을 생각할 수 있을 것이기 때문입니다. 최근 들어 로마 제국이 이탈리아에서 물러나면서 교황의 세속 권리는 더욱 확장되었고, 이탈리아는 더 많은 군주국으로 나뉘었다는 사실을 이해하셔야 합니다. 많은 대도시의 시민들이 과거에 황제의 특혜를 받으며 자기들을 억압했던 귀족들에게 무력으로 맞서기 시작했으며, 교회는 자기들의 세속 권리를 위해 이들을 지지했습니다. 또한 많은 도시에서 일개 시민이었던 사람이 군주의 자리에 올랐습니다. 이런 상황에서 이탈리아의 대부분 지역을 교회와 공화정이 통치하게 되었고, 성직자로 구성된 교회와 군대에 익숙하지 않은 공화국의 시민 통치자들은 외부인들을 고용할 수밖에 없었던 것입니다.

이러한 군제에 가장 먼저 명성을 가져다준 사람은 로마냐 출신의 알베리코 디 코니오*였습니다. 그의 용병대 출신 중에 당대에 이탈리아를 지배했던 브라초와 스포르차가 있

---

* 로마냐에 있는 코니오의 백작인 알베리코 다 바르비아노를 말한다. 전원 이탈리아 군인으로 구성된 유명한 '산 조르조 부대'의 대장이었으며, 1409년에 사망했다.

었습니다. 그 후로 지금까지 이탈리아의 군대를 지휘한 용병 대장들이 나왔습니다. 그들의 용감한 활약의 결과로 이탈리아는 샤를 왕에게 짓밟혔으며, 루이 왕에게 약탈당하고, 페르난도 왕에게 유린당하고, 스위스인들에게 수모를 당했습니다. 그들이 지킨 원칙은 이렇습니다. 먼저 자기들의 명성을 높이기 위해 보병대를 무시한 것입니다. 그들은 자기들의 영토 없이 고용에 의존해서 살았으므로 다수의 병사를 유지할 수 없었으며, 적은 수의 보병은 힘을 보태지 못합니다. 따라서 그들은 적은 수로도 명성을 떨칠 수 있는 기병을 고용했던 것입니다. 그러다 보니 2만 명 규모의 군대에서 보병은 고작 2천 명도 되지 않았던 것입니다. 그 외에도 이들은 자기들과 병사들의 배고픔과 위험을 줄이기 위해 온갖 규칙을 정해 두었습니다. 전투 중에 살상도 하지 않았으며, 포로들을 잡았다가 몸값도 받지 않고 놓아주었습니다. 밤에는 마을을 공격하지 않았으며, 유격대도 밤에는 야영장을 공격하지 않았습니다. 진영 주변에 방책이나 해자를 파지도 않았으며, 겨울에는 야영하지 않았습니다. 이 모든 것들이 그들의 군대 규율이었으며, 말씀드린 것처럼 배고픔과 위험을 피하기 위해 정해진 것이었습니다. 그 결과 이탈리아를 노예 신세로 몰아넣고 수모를 겪게 한 것입니다.

13장

지원군, 혼성군,
자국군에 대하여

지원군은 군주가 다른 나라 군주의 요청을 받고 전쟁을 도와주거나 지켜주기 위해 보내는 군대입니다. 가장 최근에는 율리우스 교황이 지원군을 요청한 사례가 있습니다. 페라라 전투에서 용병들이 고전하는 모습을 본 율리우스 교황은 스페인의 페르난도 왕과 협의하여 지원군의 도움을 받기로 했습니다. 이러한 지원군은 그 자체로는 유용하고 쓸모 있을 수도 있지만, 그것을 요청하는 군주가 보기에는 손해입니다. 지원군이 지면 그는 몰락할 것이고, 이기면 그들의 포로가 될 것이기 때문입니다.

고대 역사에도 많은 사례가 있겠지만 저는 근래의 일인 교황 율리우스 2세의 위기 상황을 좀 더 살펴보고자 합니다. 그는 페라라를 얻기 위해 자신을 온전히 타국 군주의 손에 맡겼습니다. 하지만 운이 좋아서 전혀 예상치 못했던 일이 일어나게 되었고, 그는 경솔한 선택의 대가를 치르지 않아도 되었습니다. 그의 원군들이 라벤나에서 패하자, 스위스 군대가 들어와 정복자들을 내쫓아 버렸는데, 이는 율리우스 교황도 다른 누구도 예상하지 못했던 일이었습니다. 적이 달아났으니 그는 적의 포로가 되지도 않았고, 다른 군대에 정복되었으므로 지원군의 포로가 되지도 않았습니다.

전혀 무장이 되어 있지 않았던 피렌체인들은 피사를 장악하기 위해 1만 명의 프랑스군을 보냈는데, 그 때문에 피렌체인들은 역사상 그 어느 때보다 위태로운 상황을 맞이해야 했습니다.

콘스탄티노플의 황제는 주변국에 대항하기 위해 튀르크군 1만 명을 그리스에 보냈는데, 이들은 전쟁이 끝난 후에도 떠나려 하지 않았으며, 결국 이때부터 그리스는 이교도의 지배를 받게 되었습니다.

그러므로 정복하려는 욕심이 없다면 지원군을 끌어들여도 좋습니다. 이들은 용병보다 더 위험하기 때문입니다. 이들과 함께하는 전쟁은 질 것이 뻔합니다. 그들은 단결되어 있지만, 다른 사람들의 명령을 따르기 때문입니다. 반면에 용병은 전쟁에 이기더라도 당신을 해치기 위해서는 시간과 기회를 엿봐야 합니다. 이들은 하나로 단결된 무리가 아니고, 당신이 돈을 지불하고 고용한 병사들이며, 그들의 통솔자로 앉힌 제3의 인물은 단숨에 당신을 해칠 만큼의 영향력을 갖고 있지 않습니다. 결론적으로 말해서, 용병이 위험한 이유는 그들이 비겁하기 때문이고, 지원군이 위험한 이유는 용맹스럽기 때문입니다. 그러므로 현명한 군주는 이러한 무력적 지원을 피하고 자기 군대에 의지합니다. 남의 군대를 이용해서 승리하기보다는 자기 군대로 싸우다 패하는 쪽을 택합니다. 남의 군대로 쟁취한 승리는 진정한 승리가 아님을 알기 때문입니다.

여기서도 체사레 보르자와 그의 행적들을 예로 들어 보겠습니다. 그도 로마냐를 침공할 때는 프랑스인들로 구성된 지원군을 이끌고 들어갔으며, 이들과 함께 이몰라와 포를리를 점령했습니다. 하지만 그 후 지원군을 신뢰할 수 없다고 판단한 체사레 보르자는 위험부담이 적은 용병을 이용하기로 하고 오르시니와 비텔리의 용병을 고용했습니다. 그러나 후에 그들을 다루어 본 체사레 보르자는 그들 역시 의심스럽고 불충실하며 위험하다고 판단하여 그들을 제거하고 자기 군대에 의존했습니다. 이 군대들의 차이는 체사레 보르자가 프랑스인들로 구성된 지원군을 이끌었을 때와 오르시니, 비텔리의 용병을 이끌었을 때, 그리고 어떤 상황에서도 변함없이 충성하는 자기 군대를 이끌었을 때 얻었던 명성들을 비교해 보면 알 수 있을 것입니다. 그 어느 때보다도 자기 군대의 완벽한 통솔자임을 보여주었을 때 그는 가장 빛나고 영예로웠습니다.

이탈리아와 근대의 사례들을 벗어날 생각은 아니었지만, 그렇다고 위에서 언급했던 인물 중 하나인 시라쿠사의 히에론을 빼놓을 수는 없을 것 같습니다. 그는 시라쿠사인들의 추대를 받아 군대의 사령관이 되었습니다. 그리고 얼마 지나지 않아, 우리 이탈리아의 용병대장들과 똑같은 사람들이 이끄는 그의 용병들이 아무 쓸모도 없다는 사실을 깨달았습니다. 하지만 그들을 계속 데리고 있을 수도, 돌려보낼 수도 없다는 판단이 들자 그들을 무참히 살해했습니다. 그리고 그후로는 외부 군대의 도움을 전혀 받지 않고 자기 군대로만 싸웠습니다.

이와 관련하여 구약성서에 나오는 이야기를 하나 예로 들어 보겠습니다. 다윗이 사울 앞에 가서 자기가 필리스티아의 투사 골리앗과 싸우겠다고 하자, 사울은 다윗에게 용기를 주기 위해 자기 갑옷과 무기로 무장해 주었습니다. 하지만 다윗은 그것들을 바로 다시 내놓으며, 자기에겐 별 쓸모가 없으니 평소 사용하던 투석기와 단검으로 대적하겠다고 말합니다. 타인의 갑옷은 헐거워서 벗겨지거나, 아니면 그 무게로 몸을 짓누르거나 속박하여 움직일 수 없게 만들기 때문입니다.

루이 11세의 아버지 샤를 7세는 용맹스러운데다 운까지 따라주어서 영국의 지배에서 프랑스를 해방했습니다. 그 후 자기 군대의 필요성을 깨달은 샤를 7세는 중기병과 보병 제도를 확립했습니다. 하지만 그의 아들인 루이 왕은 보병을 폐지하고 스위스 용병을 고용했는데, 이러한 실책은 이어지는 다른 실수들과 함께 왕국을 위험에 빠뜨리는 원인이 되었습니다. 스위스 용병의 명성을 높여주면서 자기 군대의 사기를 떨어뜨렸기 때문입니다. 보병은 폐지되고 중기병들은 스위스 용병들과 함께 싸우는 데 지나치게 익숙해져서 결국 그들에게 의존하게 되었습니다. 프랑스는 스위스에 대항할 수 없으며, 스위스 용병이 없으면 다른 나라와도 싸울 수 없다는 생각이 만연하게 되었던 것입니다. 프랑스는 그렇게 자국군과 용병이 섞인 혼성군대를 가지게 되었습니다. 이러한 혼성군대는 용병이나 지원군만으로 구성된 군대보다는 낫지만, 자국군으로만 구성된 군대보다는 불안정하고 약합니다. 프랑스 왕국은 이러한 사실을 잘 입증해주고 있습니다. 샤를 왕의 군대 제도가 확장되거나 유지되었더라면 프랑스 왕국은 누구도 대항할 수 없는 무적의 군대를 가지게 되었을 것이기 때문입니다.

하지만 위의 사례에서 볼 수 있듯이, 사람의 지혜는 그리 깊지 못하기 때문에 처음 발을 담글 때 좋아 보이면, 그 속에 숨겨져 있는 독을 알아차리지 못합니다. 이처럼 국가를 통치하는 사람이 악의 병폐가 무르익기 전에 그것을 알아차리지 못한다면 현명한 군주라 할 수 없습니다. 하지만 그러한 통찰은 소수의 사람에게만 주어집니다. 로마 제국에 재앙이 시작된 시점을 자세히 살펴보면 고트족을 용병으로 고용하면서부터였음을 알 수 있습니다. 그 시점부터 로마 제국의 왕성했던 활기가 식어가기 시작했으며, 그들을 일으켜 세운 용맹스러움이 다른 군대로 옮겨갔기 때문입니다.

결론적으로 말씀드리자면 자기 군대를 가지지 못한 군주국은 안보를 확립할 수 없으며, 역경에 처했을 때 스스로 지킬 수 있는 역량이 없으면 오로지 그의 존속을 운에 맡길 수밖에 없습니다. 현명한 사람은 자기 힘으로 이루지 않은 명예나 권력만큼 불확실하고 불안정한 것은 없다는 진리를 알고 있습니다. 자기 힘이란 국가의 관리나 시민, 또는 그들에게 속한 사람들로 구성된 군대를 말합니다. 그 외에는 모두가 용병이거나 지원군입니다. 자기 힘을 기르는 방법에 대해서는 제가 앞에 열거한 통치자들의 행적을 살펴보거나, 알렉산드로스 대왕의 아버지 필리포스와 그 외 많은 공화정 및 군주들의 행적을 살펴보면 쉽게 알 수 있습니다. 저는 이들이 실시한 정책과 통치체제를 전적으로 지지합니다.

14장

군사 문제와 관련하여
군주는 무엇을 해야 하는가

군주는 전쟁과 군사 제도, 군사 훈련 외에 다른 목표를 가지거나 생각해서도 안 되고, 다른 문제에 관심을 두어도 안 됩니다. 이것이 군주가 가져야 할 유일한 기량이며, 군주로 태어난 사람을 그의 지위에 머물게 하고 평범한 시민을 군주의 자리에 오르게 하는 힘이기 때문입니다. 우리는 군주가 국방 이외에 다른 사치스러운 것들을 생각하다가 국가를 잃어버리는 경우를 흔히 보아왔습니다. 군주가 군사 제도에 소홀하면 통치권을 잃어버리고, 이것에 능통하면 나라를 얻습니다. 프란체스코 스포르차는 무력을 갖춤으로써 평범한 시민에서 밀라노 공작의 자리에 올랐습니다. 그의 아들은 역경과 군제의 어려움을 피하다가 공작의 자리에서 평민으로 몰락했습니다. 국방을 튼튼히 하지 못할 때 겪게 되는 병폐 중 하나는 무시를 당한다는 것인데, 이는 뒤에서 다시 살펴보게 되겠지만, 군주가 절대로 피해야 할 불명예 중 하나입니다. 군사적으로 무장을 한 군주와 그렇지 못한 군주는 양립할 수 없으며, 무장한 군주가 무장하지 못한 군주에게 복종하는 것은 이치에 맞지 않거니와, 무장하지 못한 군주가 무장한 부하들 사이에서 안전을 기하는 것도 현명하지 않습니다. 상대를 경멸하는 자와 상대를 의심하는 자가 함께 일한다면 좋은 결과를 낼 수 없기 때문입니다. 그러므로 군사 문제를 이해하지 못하는 군주는 위에 언급된 다른 불운은 차치하고, 우선 그의 부하들로부터 존경받지 못하며, 그는 부하들을 신뢰할 수 없습니다. 그러므로 군주는 전쟁에 관한 생각이 머리에서 떠나지 않아야 하며, 실제 전쟁에 임했을 때보다 평시에 더욱 군비에 힘써야 합니다. 이는 두 가지 방법으로 실천할 수 있는데, 하나는 신체 단련을 통해서고, 또 하나는 연구와 학습을 통해서입니다.

신체 단련 면에 있어서는, 무엇보다도 군대의 질서를 확립하고 군사들이 항상 잘 훈련되어 있도록 해야 하며, 사냥도 꾸준히 해서 신체를 단련시킴과 동시에 지역의 자연환경을 파악해야 합니다. 산세는 어떻고 골짜기는 어디로 연결되는지, 평야는 어떻게 펼쳐져 있으며, 강과 늪지의 상태는 어떤지를 최대한 면밀하게 파악하고 있어야 합니다. 이러한 지식은 두 가지 면에서 유용합니다. 첫째, 군주는 이를 통해 그의 나라를 잘 알게 되므로 좀 더 효과적으로 방어할 수 있습니다. 이렇게 자기 지역에 대한 지식을 쌓고 면밀한 관찰을 하고 나면 다른 지역을 연구할 때도 도움이 됩니다. 예를 들어 토스카나의 언덕, 골짜기, 평야, 그리고 강과 늪지는 다른 지역과 유사성을 가지게 마련이므로, 한 지역에 대해 파악하고 있으면 다른 지역을 이해하는 데 도움이 될 수 있기 때문입니다. 이러한 면에서 지식이 부족한 군주는 통솔자가 가져야 할 중요한 자질을 갖추지 못한 셈입니다. 이러한 지식이 있어야 적이 예상하지 못하는 방식으로 공격할 수 있을 뿐 아니라 야영지를 선택하고 군대를 이끌며, 전술을 짜서 유리한 상황에서 도시를 포위할 수 있습니다.

아카이아의 군주인 필로포이멘이 역사가들의 칭송을 받는 이유 중 하나는, 그가 평시에도 전쟁에 대비해서 군사들을 준비하는 일 외에 다른 것을 생각하지 않았다는 것입니다. 일행과 함께 시골길을 가다가도 그는 수시로 발길을 멈추고 그들과 논의를 벌였다고 합니다. "만일 적이 저 언덕 위에 있고 우리는 군사들과 함께 여기 있다면 어느 쪽이 유리할 것 같은가? 우위를 유지하면서 진군하는 방법은 무엇일까? 만약 우리가 후퇴해야 한다면 어떤 식으로 해야 할까?" 그러면서 군사들이 마주할 수 있는 모든 가능한 상황을 내놓고 일행의 의견을 물었다고 합니다. 그들의 의견을 듣고 자기 의견을 내놓고 나서 이치를 따져가며 진위를 확인했습니다. 이렇게 계속되는 토론과 연구를 거치고 나면 실제 전쟁이 일어났을 때, 예기치 못한 상황에 부딪혀 당황하는 일이 없었을 것입니다.

군주가 지식을 쌓고자 한다면 역사서를 읽고 위대한 인물들의 행적을 살펴야 합니다. 그들이 전쟁 중에 어떻게 행동했는지를 살피고, 그들이 승리할 수 있었던 이유와 패배한 이유를 파악하여 패배의 원인이 되었던 것은 피하고, 승리의 비결은 따라야 합니다. 그도 역시 선인들을 본받고 그들의 성취와 행적을 마음에 새겼을 것이므로, 당신도 그의 본을 따르는 것입니다. 알렉산드로스 대왕은 아킬레우스를 본받았으며, 카이사르는 알렉산드로스 대왕을, 스키피오는 키루스를 본받았다고 합니다. 크세노폰이 쓴 키루스의 전기를 읽어보면 스키피오가 얻은 영예는 키루스를 본받음으로써 가능했다는 것을 알 수 있습니다. 또한 스키피오가 크세노폰이 기록한 키루스의 청렴함과 예의 바름, 인간미와 관용을 배우려고 얼마나 노력했는지 알 수 있습니다. 현명한 군주라면 위대한 통치자를 본받아, 역경에 처했을 때 그 역할을 충분히 해낼 수 있도록 평시에도 군사력을 키우고 정비해 놓아야 합니다. 그래야만 어느 날 갑자기 운명이 뒤바뀌어 역경에 처하더라도 준비된 상태에서 맞설 수 있습니다.

15장

사람은, 특히 군주는 무엇으로 칭송받고, 무엇 때문에 비난받는가

이제 군주가 백성과 주변 사람들을 대할 때 필요한 방식과 원칙에 대해 알아보는 일이 남았습니다. 이 문제에 대해서는 이미 많은 사람이 다루었으므로 제가 또다시 언급한다는 것이 외람되지 않을까 염려되기도 합니다. 더구나 제 생각이 다른 사람들의 견해와 달라서 더 그렇습니다. 하지만 제 말을 이해하는 사람에게 유용한 내용을 전해드리는 것이 이 글을 쓰는 이유이므로 추측에 근거한 이야기보다는 사실을 있는 그대로 이야기하는 것이 합당하다고 생각합니다. 사람들의 생각이나 소문에 떠도는 공화국이나 군주국은 실제

의 모습이 아닌 경우가 많습니다. 사람이 실제로 사는 모습
은 사람이 마땅히 살아야 하는 이상적인 모습과 많이 다르
기 때문입니다. 그러므로 도리를 따르느라 현실이 돌아가는
이치를 소홀히 여기는 사람은 자신의 안위를 보존하기보다
는 몰락할 가능성이 큽니다. 오로지 덕을 행하며 살기를 바
란다면 악으로 가득한 세상에서 파멸할 수밖에 없기 때문입
니다.

그러므로 군주의 지위를 지키려면 악을 행할 수 있어야
하며, 필요에 따라 악을 활용할 줄도, 피할 줄도 알아야 합
니다. 여기서는 군주에 관하여 추측에 근거해 떠도는 이야
기들은 제쳐두고 진실만을 이야기할 것입니다. 그런데 한 가
지 염두에 두어야 할 것은, 사람들이 남에 대해 이야기할
때, 특히 상대가 군주처럼 높은 자리에 있는 사람인 경우는
더욱, 상대의 인품이나 자질 중에서도 비난받거나 칭찬받
을 만한 면모에 집중하게 마련이라는 사실입니다. 그러다 보
니 어떤 사람은 인심이 후하다는 말을 듣고, 어떤 사람은 인
색하다는 말을 듣는 것입니다. 그런가 하면 어떤 사람은 너
그럽다는 말을 듣는데 어떤 사람은 탐욕스럽다는 말을 들으
며, 어떤 사람은 잔혹하다는 말을 듣는데 어떤 사람은 인정
이 많다는 평을 듣습니다. 신의가 없다는 평을 듣는 사람이

있는가 하면 믿을 만한 사람이라는 평을 듣는 사람이 있고, 비겁한 겁쟁이라는 평을 듣는 사람과 용감무쌍하다는 평을 듣는 사람이 있으며, 예의 바르다는 평을 듣는 사람과 거만하다는 평을 듣는 사람이 있습니다. 또 누군가는 음란하다는 말을 듣고 누군가는 순결하다는 말을 들으며, 누군가는 진실하다는 말을 듣고 누군가는 교활하다는 말을 듣습니다. 엄격하다는 평을 듣는 사람과 유하다는 말을 듣는 사람이 있으며, 진중하다는 말을 듣는 사람과 경박하다는 말을 듣는 사람이 있습니다. 신앙이 독실하다고 알려진 사람이 있는 반면에 신앙심도 없는 걸로 낙인찍히는 사람도 있습니다. 칭송받는 군주라면 이 중에 좋은 자질을 모두 갖추고 있을 것으로 여겨질 수 있습니다. 하지만 사람은 그렇게 모든 미덕을 갖출 수 있는 존재가 아니며, 주변 여건이 그것을 허락하지도 않습니다. 그러므로 군주는 그의 지위를 잃을 수 있을 정도의 심한 악행을 저질러 비난받는 일이 생기지 않도록만 신중하면 됩니다. 또한 가능하다면 군주의 지위를 잃을 정도는 아니더라도 악행은 일단 피하는 것이 좋습니다. 그러나 피할 수 없다면 너무 망설이지 말고 행하면 됩니다. 다시 말씀드리지만, 군주는 국가를 지키거나 구하기 위해 저지른 악에 대해 비난받기를 두려워하지 말아야

합니다. 매사를 깊이 들여다보면 미덕처럼 보이지만 파멸의
길로 이끄는 것이 있고, 악인 듯 보이지만 안정과 번영을 가
져다주는 것이 있습니다.

16장

너그러움과
인색함에 대하여

위에 열거한 사람의 인성 가운데 첫 번째 덕목에 관해 이야기하겠습니다. 너그럽다는 평을 듣는다면 좋은 일입니다. 하지만 너그러움을 잘못 행사하면, 그에 상응하는 평판을 얻는 대신 손해를 볼 수도 있습니다. 너그러움을 정직하고 합당한 방식으로 행사한다 해도, 아무도 그것을 알아주지 않을 것이며, 그 반대의 비난을 면치 못할 것이기 때문입니다. 그러니 사람들로부터 너그럽다는 평판을 듣고 싶다면 거창하고 과시적으로 인심 쓰는 방법밖에 없습니다. 하지만 그러다 보면 재산을 탕진하게 되고, 결국 너그럽다는 평판을 유지하기 위해 신민을 압박할 수밖에 없습니다. 세금을 과도하게 거둬들이는 등 재물을 채우기 위한 수단을 동원하는 것입니다. 그는 곧 백성들의 원망을 사게 될 것이고, 가난한 군주가 되어 누구에게도 존중받지 못하게 될 것입니다. 결국 너그러운 군주가 되기 위해 소수에게 호의를 베풀고 다수의 원망을 산 군주는 처음 마주하는 어려움에 휘청거릴 것이고, 위기가 닥치자마자 몰락하게 될 것입니다. 하지만 이러한 사실을 깨닫고 너그러움을 거두려고 하면 곧 인색하다는 비난을 받게 됩니다.

이처럼 너그러움이라는 미덕은 비용을 많이 들이지 않으면서 남들이 알아주는 방식으로 베풀 수는 없는 것이므로, 군주는 인색하다는 비난을 두려워하지 말아야 합니다. 그의 인색함 덕분에 국익을 올려서 외부의 공격으로부터 국가를 지킬 수 있을 뿐 아니라 국민에게 부담을 지우지 않고도 전쟁을 수행할 수 있다면 장기적으로 볼 때, 그것이 너그러움보다 더 나은 덕으로 평가될 것이기 때문입니다. 그러면 결국 그가 수탈하지 않은 많은 백성에게 그는 너그러운 군주가 되고, 그가 베풀지 않은 소수의 백성에게만 인색한 군주가 되는 것입니다.

우리 시대에 훌륭한 업적을 남긴 군주들은 대부분 인색

하다는 평판을 들었으며, 그 외에는 모두 실정을 했습니다. 교황 율리우스 2세는 너그럽다는 평판을 들으며 교황의 자리에 올랐지만, 프랑스의 왕과 전쟁을 시작하면서부터는 더 이상 그 평판을 유지하고자 노력하지 않았습니다. 그 대신 백성들에게 과외의 세금을 거둬들이지 않고도, 그동안 검약한 통치를 하면서 모은 재물로 전쟁을 치를 수 있었습니다. 현재 스페인의 왕도 너그럽다는 평판을 듣고자 했다면 그렇게 많은 전쟁을 치르고 승리를 기록하지는 못했을 것입니다. 그러므로 군주는 자기 백성을 수탈하지 않고 국가를 지킬 수 있으며, 궁핍하거나 비굴하지 않고 탐욕스럽지 않다면 인색하다는 비난에 크게 마음 쓸 필요가 없습니다. 왜냐하면 인색함이야말로 그가 국가를 통치할 수 있게 하는 악덕 중 하나이기 때문입니다.

혹시 누군가는 "카이사르는 너그러움으로 제국을 얻었으며, 그 밖에도 너그러운 인성을 지닌 많은 인물이 최고의 자리에 올랐다."라며 반론을 제기할지도 모릅니다. 그에 대한 저의 대답은 그가 군주인지, 아니면 앞으로 군주가 되려는 사람인지에 따라 다를 것입니다. 만약 그가 군주라면 너그러움은 위험한 덕목입니다. 군주가 되려는 사람이라면 너그러운 사람처럼 보여야 할 필요는 있습니다. 카이사르는 로마에서 최고의 자리에 오르고 싶다는 야망이 있었습니다. 하지만 그가 야망을 이룬 뒤에도 씀씀이를 줄이지 않았다면 몰락했을 것입니다. 누군가는 또 이렇게 말할 수 있습니다. "역사상 많은 군주가 너그럽다는 평판을 들으면서도 위대한 업적을 쌓고 전쟁을 승리로 이끌었다." 이에 대한 저의 답변은 이렇습니다. 그 군주가 사용한 재물은 자기 것이거나 신민의 것, 또는 다른 누군가의 것이었을 텐데, 전자의 경우라면 아꼈어야 하고, 후자의 경우라면 가능한 한 넉넉하게 베풀었어야 한다고 말하겠습니다. 전리품과 약탈한 재물 또는 배상금으로 군대를 운영하고 남의 재산을 함부로 이용하는 군주는 너그러울 필요가 있습니다. 그러지 않으면 병사들이 따르지 않을 것이기 때문입니다. 그리고 키루스, 카이사르, 알렉산드로스가 그랬던 것처럼 자기 것도 신민의 것도 아닌 재물은 후하게 인심을 써도 좋습니다. 다른 사람의 재물로 인심을 쓴다면 평판이 나빠지기보다 오히려 좋아지기 때문입니다. 자기 재물을 탕진할 때만 문제가 생깁니다.

인심이 후한 것만큼 짧은 시간에 재물을 낭비하게 하는 덕목도 없습니다. 베풀면 베풀수록 앞으로 베풀 수 있는 여유는 계속 줄어들기 때문입니다. 그러고 나면 결국 궁핍과 경멸이 찾아오고, 궁핍함을 피하기 위해서는 탐욕을 부리고 미움을 살 수밖에 없게 됩니다. 군주는 다른 무엇보다도 경멸과 미움을 받지 않아야 하는데, 너그러움은 그 두 가지로 향하는 지름길입니다. 그러므로 너그럽다는 평판을 얻으려다가 탐욕스러운 군주가 되어 비난과 미움을 함께 받는 것보다는 비난은 받되, 미움은 받지 않고 인색하다는 평판을 감수하는 것이 현명한 처사입니다.

17장

잔혹함과 자비로움.
두려운 군주보다 사랑받는 군주가
되는 것이 더 나은가에 대하여

위에 언급된 자질 중에 다음 덕목으로 넘어가기에 앞서, 군주는 모름지기 잔혹하기보다는 자비로운 사람으로 보이는 것이 바람직하다는 말씀을 드리고 싶습니다. 하지만 이 자비로움을 잘못 행사하지 않도록 주의할 필요가 있습니다. 체사레 보르자는 잔혹한 군주로 악명이 높았지만, 그 잔혹함이 로마냐를 화합시켜 평화와 충성심을 되찾았습니다. 또한 이에 대해 좀 더 깊이 생각해 보면 그가 피렌체인들보다 훨씬 더 자비로웠음을 알 수 있습니다. 피렌체인들은 잔인하다는 평판을 피하고자 피스토이아의 멸망을 방관했습니다. 그러므로 군주는 신민의 화합과 충성심을 잃지 않는 한, 잔혹하다는 비난을 두려워하지 말아야 합니다. 잔혹한 처사는 단 몇 번이면 족하므로, 지나치게 자비로움에 치중하다가 혼란을 초래하여 살인과 약탈이 성행하게 하는 것보다는 결과적으로 훨씬 더 자비로운 통치입니다. 혼란과 약탈은 전체 백성에게 고통을 주지만, 군주의 잔혹한 처사는 표적이 되는 상대에게만 적용되기 때문입니다.

특히 신생 국가의 군주는 잔혹하다는 비난을 면치 못하는데, 그만큼 위험 요소가 많기 때문입니다. 그런 이유로 베르길리우스는 디오의 입을 빌어 그녀의 비인간적인 통치가 신생 국가의 필연성임을 다음과 같이 말하고 있습니다.

… 원하는 바는 아니었으나, 시국은 불안했으며, 나는 온 힘을 다해 이 신생 국가를 지켜야 하는 운명이었으므로, 가혹한 통치로 이 땅을 지켰노라.

그렇다고 하더라도 신생 국가의 군주는 남을 신뢰할 때도 행동할 때도 더 신중해야 하며, 내면의 두려움을 드러내지 말아야 합니다. 신중하고 자애로우면서도 침착해야 합니다. 지나친 자신감으로 경솔해져도 안 되고, 주위 사람들이 견

디기 힘들 정도로 지나치게 의심을 가져서도 안 됩니다.

　이쯤에서 의문이 제기될 수 있습니다. 사랑받는 존재가 되는 것이 나은가, 두려운 존재가 되는 것이 나은가? 정답은 둘 다가 되는 것입니다만, 한 사람이 둘을 모두 가진다는 건 너무 어려운 일입니다. 따라서 한 가지를 포기해야 한다면 저는 사랑받는 군주가 되는 것보다 두려운 군주가 되는 것이 훨씬 더 안전하다고 말씀드리겠습니다. 인간은 보편적으로 감사할 줄 모르고 변덕스러우며 위선적입니다. 또한 겁이 많고 탐욕스럽습니다. 당신에게 베풀 능력이 있는 한, 그들은 충성을 바칩니다. 그리고 앞에서도 말했듯이 당장 눈앞에 닥치지 않는 한, 그들은 당신을 위해 피를 흘리는 것은 물론 목숨과 자식까지도 바칠 수 있다고 장담합니다. 하지만 막상 그 시간이 다가오면 등을 돌립니다. 그러므로 그들의 말을 전적으로 믿고 다른 대비를 하지 않는 군주는 몰락합니다. 고귀하고 위대한 인품을 통해서가 아니라 대가를 지불하고 얻은 우정은 신뢰할 수 없으며, 정작 필요할 때 도움이 되지 않습니다. 게다가 사람은 두려운 사람보다 사랑하는 사람에게 해를 입힐 때 주저함이 덜합니다. 사랑은 의무감으로 이어진 관계인데, 인간은 비열한 존재여서 이득을 취할 기회가 생기면 의무감은 언제든 저버릴 수 있습니다. 그러나 두려움은 형벌에 대한 공포에 근거하고 있으므로 외면할 수가 없습니다.

하지만 사랑받는 것까지는 아니더라도 미움은 받지 않으면서 두려운 존재가 되어야 합니다. 왜냐하면 군주는 신민의 재산과 그들의 여자를 건드리지 않는 한, 얼마든지 두려운 존재로 군림할 수 있기 때문입니다. 누군가의 목숨을 빼앗아야 할 정당하고 명백한 이유가 있다면 망설이지 말고 그렇게 하십시오. 하지만 어떤 경우에도 신민의 재산에 손을 대서는 안 됩니다. 사람은 자기 아버지를 잃은 슬픔은 금세 잊어도 재산을 잃은 슬픔은 오래도록 잊지 못하기 때문입니다. 재산을 압류할 명분은 얼마든지 있습니다. 한 번 강도질을 시작한 사람은 남의 것을 빼앗을 이유를 언제든 찾아낼 수 있기 때문입니다. 반면에 생명을 빼앗을 이유는 쉽게 찾아지지 않으며, 곧 고갈됩니다. 하지만 군주에게는 군대가 있고 수많은 병정을 통솔해야 하므로 잔혹하다는 평판에 개의치 말아야 합니다. 그러지 않고는 군대를 단결시키거나 임무를 완수하게 할 수 없기 때문입니다.

한니발의 훌륭한 업적들을 보면 이 점이 잘 드러나 있습니다. 그는 다양한 인종으로 구성된 엄청난 규모의 군대를 이끌고 이국땅을 돌아다니며 전쟁했지만, 상황이 어려울 때나 좋을 때나, 병사들 간에도 한니발을 향해서도 분쟁이나 충돌이 일어난 적이 없었습니다. 이는 오로지 그의 비인간적인 잔혹성 덕분인데, 용맹함에 잔혹성까지 갖춘 그를 병사들은 경외하면서도 두려워했던 것입니다. 만약 그러한 잔인성이 없었더라면 그가 가진 다른 덕목들도 똑같은 효력을 발휘하지 못했을 것입니다. 근시안적인 작가들은 한편으로 그의 업적을 칭송하면서도 정작 그 업적을 이루게 해준 주된 요인은 비난합니다. 다른 덕목들만으로는 부족했을 것이라는 추측은 스키피오의 경우를 통해 입증할 수 있습니다. 스키피오는 그의 시대뿐 아니라 역사를 통틀어 가장 위대한 인물입니다. 그런데도 그의 군대는 스페인에서 그에 대항하여 반란을 일으켰습니다. 그런 상황을 초래한 요인은 다름 아닌 그의 지나친 관대함이었는데, 그것이 병사들에게 군대의 규범이 허용하지 않는 자유를 누리게 했던 것입니다. 이 때문에 파비우스 막시무스는 원로원에서 스키피오를 질책하면서 그가 로마 군대를 부패시켰다고 비난했습니다. 스키피오의 부관이 로크리라는 마을을 초토화했을 때도 스키피오는 주민들의 억울함을 풀어주지도 않았고, 부관의 무모한 행동을 벌하지도 않았습니다. 이 역시 그의 온건한 성품 때문이었던 것입니다. 이 일에 대해 원로원의 누군가는 그를 변호하기 위해, 스키피오는 다른 사람의 잘못을 시정하기보다는 자기가 잘못을 저지르지 않는 데 능한 많은 사람 중 하나라고 했습니다. 스키피오가 계속해서 지도자의 자리에 있었다면 이러한 그의 성품은 그의 명예와 영광을 서서히 퇴색시켰을 것입니다. 하지만 원로원의 통제 하에 있었던 덕분에 해가 될 수 있는 면모는 가려지고, 오히려 그에게 영광을 안겨 주었습니다.

두려운 군주가 되느냐, 사랑받는 군주가 되느냐의 문제로 다시 돌아와서, 저는 이러한 결론을 내리고자 합니다. 사랑은 사람들 각자의 의지에 따라 일어나는 것이고, 두려움은 군주의 의지에 따라 일어나는 것이기 때문에 현명한 군주라면 다른 사람의 의지로 통제되는 요소보다는 자신의 의지로 통제할 수 있는 요소에 근거함이 마땅합니다. 군주는 다만 미움을 받지 않기 위한 노력만 기울이면 됩니다.

18장

군주가 신의를
지키는 일에 대하여

군주가 신의를 지키며 교활하지 않고 정직하다면 그것은 마땅히 칭송받을 일이며, 이에 대해서는 모두가 동의할 것입니다. 그렇지만 우리의 경험에 비추어 보면 위대한 업적을 남긴 군주들은 대부분 신의를 중시하지 않았습니다. 술수를 써서 사람을 기만하고, 결국엔 자신의 언약을 믿었던 상대를 넘어뜨리고 승리를 거둡니다.

경쟁에 임하는 방식은 두 가지입니다. 하나는 규칙에 근거하는 것이고, 또 하나는 힘에 근거하는 것입니다. 첫 번째는 인간의 방식이고, 두 번째는 짐승의 방식입니다. 하지만 첫 번째 방식만으로는 부족하므로 필요에 따라 두 번째 방식을 사용하는 것입니다. 그러므로 군주는 짐승과 인간의 속성을 적절히 활용할 줄 알아야 합니다. 고대의 작가들은 비유를 통해 군주들에게 이 점을 가르쳤습니다. 아킬레스나 그 밖에 고대의 많은 군주가 반인반마인 케이론에게 보내져 양육되고 훈련받았다고 전합니다. 반은 짐승, 반은 인간인 스승에게 가르침을 받은 것은 두 가지 속성을 모두 활용할 줄 알아야 한다는 뜻이며, 이는 둘 중 어느 하나만으로는 자리를 보존할 수 없기 때문이었을 것입니다.

군주가 이렇게 짐승의 속성도 지녀야 한다면 여우와 사자를 택해야 합니다. 사자는 덫이나 유혹으로부터 자신을 보호하지 못하며, 여우는 늑대들로부터 자신을 보호하지 못하기 때문입니다. 그러므로 덫을 피하려면 여우가 되어야 하고, 늑대들을 물리치려면 사자가 되어야 합니다. 단순히 사자의 속성으로만 살려다 보면 주변에서 돌아가는 상황을 알아차리지 못합니다. 현명한 군주는 약속을 지키는 것이 자기에게 불리하거나 약속의 이유가 소멸하면 약속을 지키지 않아도 되며, 지켜서도 안 됩니다. 만약 사람이 오직 선하기만 하다면 이러한 조언이 합당하지 않을 것입니다. 그러나 인간은 악하고 당신과의 약속을 지키지 않을 것이기 때문에 당신도 그 약속에 구속될 필요가 없습니다. 게다가 군주는 약속을 지키지 않아도 될 이유를 얼마든지 찾을 수 있습니다. 근대 역사에서도 이러한 사례가 무수히 많습니다. 수많은 조약과 약속들이 신의를 지키지 않는 군주들로 인해 폐기되고 무효화 되었으며, 여우의 속성을 잘 활용하는 군주가 가장 큰 성공을 이루었습니다.

하지만 군주는 이러한 속성을 지니되, 드러내지 말아야 합니다. 위장과 위선에 능해야 한다는 뜻입니다. 인간은 단순하며 눈앞의 필요에 쉽게 이끌리기 때문에 속이려는 사람은 언제나 그 대상을 찾을 수 있습니다. 최근의 한 사례를 들어 말씀드리겠습니다. 알렉산데르 6세는 사람을 기만하는 일 외에 다른 일은 해본 적도 생각해 본 적도 없는데, 늘 그 대상을 찾을 수 있었습니다. 남을 설득하고 남에게 확신을 주는 데 그보다 더 강력한 위력을 지닌 사람이 없었기 때문입니다. 하지만 그는 누구보다도 자기가 한 약속을 지키지 않는 사람이었으며, 그의 기만은 언제나 그가 원하는 결과를 가져왔습니다. 인간의 속성을 잘 이해하고 있었기 때문입니다.

알렉산데르는 자기가 한 말을 지킨 적이 없고, 카이사르는 자기가 한 짓을 말한 적이 없다.

- 이탈리아 속담

　군주는 위에서 열거한 좋은 성품들을 모두 지닐 필요는 없지만, 그것들을 지닌 것처럼 보이는 것은 매우 중요합니다. 그 덕목들을 실제로 지니고 있으면서 항상 지키려고 하는 것은 해로울 수 있지만, 지닌 것처럼 보이는 것은 유용하기 때문입니다. 자비롭고 신의를 지키며 인간미와 신앙심을 지닌 사람처럼 보이고 실제로 그렇게 살되, 그렇게 처신하지 말아야 할 경우도 있다는 마음을 가지고 있으면 필요에 따라 그 반대의 속성을 따를 수 있습니다.

　그렇기는 하지만 군주, 특히 신생 국가의 군주는 사람들이 훌륭하다고 평가하는 이 덕목들을 갖추기가 어렵습니다. 점령한 영토를 지키기 위해서는 우정, 인간미, 신앙심과 같은 덕목들과 반대되는 행동을 하거나 자주 신의를 저버려야 하기 때문입니다. 그러므로 군주는 운명의 풍향과 상황의 변화에 따라 마음가짐을 바꿀 필요가 있습니다. 덕목을 지킬 수 있는 상황에서는 굳이 그것을 외면하지 마십시오. 하지만 필요하다면 선을 외면하고 악을 행할 수 있어야 합니다.

　이러한 이유로 군주는 위에 언급된 다섯 가지 덕목으로

충만한 말들 외에는 입에 올리지 않도록 주의해야 합니다. 그리하여 그의 말을 듣고 그를 보는 사람들이 그를 자비롭고 신의를 지키며, 인간적이고 올바르며, 종교적인 군주라고 생각하게 해야 합니다. 그중에도 종교적인 경건함을 갖춘 듯이 보이는 것이 무엇보다 중요합니다. 사람은 손보다는 눈으로 남을 판단합니다. 모든 사람이 당신을 볼 수 있지만, 다가와서 손을 만지는 것은 소수의 사람만이 할 수 있습니다. 대다수 사람은 외적으로 보이는 모습으로 당신을 판단하고, 실제 당신이 어떤 사람인가를 아는 사람은 소수입니다. 그리고 그 소수는 국가의 통치자가 보호하고 있는 다수의 의견에 맞서지 못합니다. 또한 남의 행동을 판단할 때, 더구나 그가 감히 이의를 제기할 수 없는 군주인 경우, 그 결과를 보고 판단합니다.

그러한 이유로 군주가 국가를 정복하고 통치만 잘하면, 그러기 위해 그가 취한 수단은 언제나 정직하다고 여겨질 것이며, 모두가 그를 칭송할 것입니다. 민중들은 언제나 보이는 것과 그 결과에 이끌리기 때문입니다. 세상은 민중들 차지이고, 소수가 설 자리를 찾는 때는 다수가 의지할 곳을 잃었을 때뿐입니다.

이름을 밝힐 수 없는 우리 시대의 한 군주*는, 언제나 평화와 신앙에 관한 설교를 하면서도, 그 두 가지와는 거리가 멀게 살았습니다. 그가 만약 둘 중 어느 하나라도 지켰더라면 그의 왕국과 명성을 여러 번 빼앗겼을 것입니다.

---

* 아라곤의 페르난도 2세를 말한다.

19장

경멸과 미움을
피하는 일에 대하여

지금까지 군주의 성품에 관해 이야기하면서 중요한 내용을 모두 다루었으니, 이제 이와 관련하여 군주가 염두에 두어야 하는 일반적인 이야기들을 간략하게 요약해 보려고 합니다. 앞에서 일부 언급했던 내용이기도 한데, 바로 미움을 받거나 경멸의 대상이 되게 하는 행동을 피하는 일입니다. 이것만 할 수 있으면 군주로서의 중요한 역할은 다한 것이며, 다른 비난에 대해서는 걱정하지 않아도 됩니다.

앞서 말씀드렸듯이, 탐욕을 부리거나 신민의 재산 또는 여자를 빼앗으면 미움을 받으므로 둘 다 삼가야 합니다. 평범한 사람들은 재산이나 명예를 건드리지 않는 한, 대부분 자기 삶에 만족할 것입니다. 따라서 군주는 야심 있는 소수만 만족시켜주면 되는데, 이는 여러 가지 방법으로 해결할 수 있습니다.

변덕스럽거나, 경박하거나, 나약하거나, 비열하거나, 우유부단하게 보이는 군주는 경멸받습니다. 이러한 비난은 암초를 피하듯 경계해야 합니다. 항상 위엄을 갖추고 의연하게, 용기 있고 진중해 보이도록 행동해야 합니다. 사적으로 신민을 대할 때는 군주의 결정이 단호한 것이며, 한 번 정해진 것은 바꿀 수 없음을 보여서 감히 군주를 기만하려는 마음을 먹지 못하게 해야 합니다.

이러한 인상을 주는 군주는 높이 존경받을 것이며, 높이 존경받는 군주는 쉽게 모함에 걸려들지 않을 것입니다. 그가 뛰어난 사람이고 백성들의 존경을 받고 있다는 사실이 널리 알려지면 그만큼 공격하기가 어렵기 때문입니다. 그러므로 군주는 두 가지를 두려워해야 합니다. 우선 대내적으로 백성을 두려워해야 하고, 그다음으로는 외부 세력을 두려워해야 합니다. 외부 세력은 군사력을 키우고 좋은 동맹관계를 유지함으로써 막을 수 있습니다. 군사적으로 강성하면 좋은 동맹관계를 맺을 수 있으며, 대외 관계가 순조로우면 어떤 음모

같은 것으로 국가의 내부가 이미 교란된 상태가 아닌 경우, 대내적으로도 평안할 것입니다. 설사 대외 관계에 문제가 생겼다 해도, 군주가 평소에 대비를 잘 해왔으며 위에 열거한 대로 살아왔다면 용기를 잃지 않는 한, 모든 공격을 막아낼 수 있습니다. 이에 대해서는 제가 스파르타의 나비스를 예로 들면서 말씀드렸습니다.

외부적으로 별다른 문제가 없을 때도 군주는 신민에 대하여 그들이 비밀리에 음모를 꾸미고 있지 않은지 유의해서 살펴야 합니다. 하지만 평소에 신민의 미움을 사거나 경멸받을 일을 하지 않고 백성을 충족하게 살도록 해 주었다면 이런 일은 일어나지 않을 것입니다. 위에서도 장황하게 말씀드렸지만, 이 몇 가지는 국가를 성공적으로 통치하는 군주가 되는 데 필요한 사항입니다. 음모에 대비해서 군주가 취할 수 있는 가장 효과적인 대책은 백성들의 미움과 경멸을 받지 않도록 유의하는 것입니다. 음모를 꾸미는 사람은 군주를 제거하면 모두가 기뻐할 것이라 믿어서 그 일을 하는 것인데, 오히려 자기가 비난받게 될 것이라 예상되면 굳이 엄청난 어려움을 감수하면서 그 일을 실행하려 하지 않을 것입니다. 그동안의 경험을 통해서 보건데, 음모를 꿈꾸는 사람은 많아도 성공하는 사람은 적습니다. 그 이유는 음모라는 것이 혼자서 실행할 수 있는 일이 아니며, 동지를 선택할 때도 확실한 불평분자를 찾아야 하기 때문입니다. 일단 동지라고 판단한 자에게 자신의 계획을 털어놓으면 그때부터 상대가 자신의 불만을 해결할 기회를 주는 것과 같습니다. 음모를 신고하면 막대한 이득을 볼 수 있기 때문입니다. 그러므로 음모를 신고했을 때 돌아올 확실한 이득과 음모에 가담하는 데 따르는 위험이 둘 다 너무나 확실한 상황에서 음모자와의 신의를 지킨다면 그는 아주 드물게 진실한 동지이거나, 군주에게 깊은 원한을 가진 원수일 것입니다.

요약하자면, 음모자의 처지에서 예상할 수 있는 것은 두려움과 시기심, 처벌의 끔찍한 공포뿐이지만, 군주에게는 그의 지위에 걸맞은 위엄과 그가 의존할 수 있는 법이 있으며, 국가와 우방이 그를 보호해 주리라는 믿음이 있습니다. 거기에 대중의 호의까지 더해진다면 누구도 감히 군주를 상대로 음모를 꾀하지 못할 것입니다. 음모자는 그의 계획을 실행하기에 앞서 두려움을 갖게 마련인데, 이 경우에는 반역 행위 뒤에 자기가 처할 상황에 대한 두려움까지 견뎌야 합니다. 군주에게 호의를 가지고 있는 대중이 그의 적이 될 것이며, 그런 그에게 도피처란 없을 것이기 때문입니다.

이 주제에 관한 사례는 얼마든지 있지만, 여기서는 선대의 기억에 남아 있을 만한 사건 하나만 들어보겠습니다. 안니발레의 조부이자 볼로냐의 군주였던 안니발레 벤티볼리오 1세는 그에 반하여 음모를 꾸몄던 칸네스키 파에 의해 살해되었는데, 그의 일가 중에 살아남은 사람은 당시 어린아이였던 조반니뿐이었습니다. 이렇게 안니발레가 암살당하자 볼로냐의 민중이 봉기하여 칸네스키 파를 몰살시켰습니다. 이는 벤티볼리오 가문이 당시 민중에게 지지를 얻고 있었기 때문인데, 그에 대한 민중의 호의가 얼마나 대단했던지 안니발레가 살해되고 통치할 만한 사람이 남아 있지 않은 상황에서 피렌체에 벤티볼리오 가문의 사람이 살고 있다는 정보를 입수한 볼로냐 사람들은 그때까지 대장장이의 아들로 살아온 그 사람을 데려와 도시를 맡길 정도였습니다. 그리하여 조반니가 통치할 수 있는 나이가 될 때까지 그가 볼로냐를 다스렸습니다.

이러한 예를 볼 때 백성의 신망을 받는 군주는 음모에 관하여 걱정할 필요가 없지만, 백성이 그에게 적대적이고 증오심을 품고 있다면 매사에 모든 사람을 두려워해야 할 것입니다. 또한 제도가 안정된 국가의 현명한 군주는 귀족에게 실망을 주지 않으면서 동시에 민중을 충족시키기 위해 세심한 주의를 기울이는데, 이는 군주가 해야 할 많은 일 중에서도 가장 중요합니다.

우리 시대에 가장 안정적으로 통치되고 있는 국가는 프랑스입니다. 프랑스에는 왕의 자유와 안전의 토대가 되는 좋은 제도들이 많은데, 그중에 첫 번째가 상당한 권위를 자랑하는 고등법원입니다. 왕국을 세운 군주는 귀족들의 야심과 대담함을 알고 있었으므로 그들의 입을 막고 조용히 있게 하려면 뭔가를 물려줘야 한다고 생각했습니다. 동시에 민중은 귀족들을 증오했는데, 그것은 두려움에 근거하고 있었습니다. 군주는 민중을 보호하고자 했지만, 그렇다고 특별한 배려를 하는 것처럼 보이고 싶지는 않았습니다. 이러한 상황에서 민중을 편애한다는 귀족들의 비난도 피하고, 귀족을 편애한다는 민중의 비난도 피할 수 있는 방편으로 중재자를 내세웠습니다. 이 중재자가 힘 있는 자들을 견제하고 약한 민중을 보살펴 주면서 왕을 양쪽의 비난으로부터 보호해 준 것입니다. 군주와 왕국의 안전을 보장해주는 데 이보다 더 훌륭하고 효과적인 제도는 없었을 것입니다. 여기서 또 하나 중요한 결론을 끌어낼 수 있는데, 군주는 원망을 들을 만한 일은 다른 사람에게 맡기고 은혜가 될 만한 일은 직접 해야 한다는 것입니다. 또한 군주는 귀족들을 존중해야 하지만, 그 정도가 지나쳐서 민중의 미움을 살 정도가 되어서는 안

됩니다.

　로마 황제들의 삶과 죽음을 유심히 살펴본 사람이라면 그 중에 많은 인물이 제가 말씀드린 것과 반대의 삶을 살았던 것처럼 보인다고 생각할 수도 있습니다. 그들 중에는 탁월한 인품과 위대한 정신을 지녔음에도 신하들의 음모로 제국을 잃거나 살해된 사람들도 있기 때문입니다. 그러한 의문에 답을 드리고자 그들 중 몇 명에 대해 다시 한 번 살펴보기로 하겠습니다. 그러다 보면 그들이 몰락한 이유가 제가 말씀드린 것과 다르지 않음을 알게 될 것입니다. 아울러 그 시대의 일을 연구하는 사람들이 주목할 만한 점들만을 짚어가도록 하겠습니다.

　철학자 마르쿠스 아우렐리우스부터 막시미누스까지 제국을 승계해간 황제들을 살펴보는 정도면 충분하겠다고 생각됩니다. 그사이에 포함된 인물로는 마르쿠스와 그의 아들 콤모두스, 페르티낙스, 율리아누스, 세베루스와 그의 아들 안토니누스 카라칼라, 마크리누스, 헬리오가발루스, 알렉산데르 그리고 막시미누스가 있습니다.

　여기서 먼저 주목해야 할 점은, 다른 군주국의 군주들은 귀족층의 야욕과 민중의 마음을 충족시켜주는 문제만 고민하면 되었던 반면, 로마의 황제들은 군인들의 폭력성과 탐욕이라는 또 하나의 문제를 해결해야 했다는 사실입니다. 사실 여러 황제가 이 문제로 어려움을 겪다가 몰락했습니다. 군대 와 민중을 동시에 만족시키기는 어려웠기 때문입니다. 민중 은 평화를 원했으므로 야욕을 부리지 않는 군주를 좋아했 습니다. 반면에 군인들은 대담하고 잔혹하며 탐욕스러워서 전쟁을 마다하지 않는 군주를 좋아했습니다. 군주가 그러한 기질을 민중에게 발산하면 군인들은 급료를 두 배로 받으면 서 자기들의 욕심과 잔인성도 배출할 기회를 가질 수 있기 때문이었습니다. 그러다 보니 권위적인 기질을 천성적으로 타고났거나 습득하지 못한 군주들은 몰락했으며, 새로 군주 의 자리에 올랐거나 두 계층의 상충적인 요구를 동시에 충 족시키기는 힘들다는 사실을 알아차린 군주들은 군인들을 만족시키는 쪽으로 기울어지면서 민중의 고통에는 마음을 쓰지 않았습니다. 하지만 그건 필연적인 결과였습니다. 모든 군주가 아무에게도 미움받지 않기를 바라겠지만, 어느 한쪽 의 미움을 피할 수 없다면 힘 있는 계층의 미움을 피하고자 노력하는 것이 당연하기 때문입니다. 따라서 경험이 부족하 여 주변의 지지가 필요한 군주들일수록 민중보다는 군대 쪽 으로 더 열심히 기울어졌습니다. 하지만 이러한 정책이 군주 자신에게 득이 되는지 아닌지는 그가 군인들 앞에서 권위를 지킬 수 있는가에 달려 있었습니다.

이러한 이유로 마르쿠스, 페르티낙스, 알렉산데르는 절제하는 삶을 살고, 정의를 사랑했으며, 잔혹함을 싫어하고 인도주의적이며 온유했음에도 마르쿠스를 제외하고는 모두 비참한 최후를 맞이했습니다. 오직 마르쿠스만이 명예롭게 살다가 세상을 떠날 수 있었는데, 그 이유는 그가 세습 군주여서 군대나 민중의 도움 없이 군주의 자리에 오르게 되었기 때문입니다. 게다가 마르쿠스는 여러 가지 덕목을 고루 갖추어 늘 사람들의 존경을 받으며 안정적으로 나라를 통치했기 때문에 미움이나 경멸을 받은 적이 없었던 것입니다.

반면에 페르티낙스는 군인들이 바라지 않은 군주였습니다. 콤모두스 밑에서 방탕하게 사는 데 익숙했던 군인들은 페르티낙스가 원하는 절제 있는 삶을 견딜 수 없어 했습니다. 그렇게 군인들의 미움을 산 페르티낙스는 급기야 노령의 나이 때문에 경멸까지 받게 되면서 즉위한 지 얼마 되지 않아 몰락하고 말았습니다. 이 사례에서 우리는 악행을 저질러서 미움 받는 때도 있지만, 올바른 행동도 미움을 살 수 있다는 점에 유의해야 합니다. 그러므로 앞에서도 말씀드렸듯이, 국가의 안정을 유지하기 위해서라면 군주는 악행도 저지를 수 있어야 합니다. 당신의 권력을 유지하는 데 필요하다고 생각되는 집단이 타락했을 때, 그것은 민중일 수도 있고, 군인일 수도 있으며, 귀족들일 수도 있는데, 당신은 우선 그들의 성향에 맞추고 만족시킬 수밖에 없습니다. 그런 상황에서는 올바른 행동이 도리어 당신에게 해를 가져옵니다.

이제 알렉산데르의 예를 들어 보겠습니다. 그는 선한 품성을 지녀서 사람들의 칭송을 받았는데, 그 한 예로 그가 통치하는 14년 동안 단 한 사람도 공정한 심판을 거치지 않고 사형에 처한 적이 없습니다. 그렇지만 그는 자기 어머니의 통제를 받을 만큼 나약하다고 알려져서 경멸받았고, 결국 군대가 그를 상대로 음모를 꾸며 살해당했습니다.

이제 이와는 대조적인 콤모두스와 세베루스, 안토니누스 카라칼라, 막시미누스의 잔인하고 탐욕스러운 기질에 관해 이야기해 보겠습니다. 이들은 자기 군대를 만족시키기 위해 민중을 상대로 온갖 잔악한 짓을 서슴지 않았습니다. 그리고 세베루스를 제외한 모두가 비참한 최후를 맞았습니다. 세베루스는 민중은 탄압하면서도 탁월한 용기로 끝까지 군인들과 친화적인 관계를 유지하면서 국가를 통치하는 데 성공했습니다. 그의 용맹성은 군인들은 물론 민중의 눈에도 그를 탁월한 군주로 돋보이게 했으므로, 민중은 그를 감탄과 경외감으로 바라보았고 군인들은 그를 존경했으며 그의 처사에 만족했습니다. 신생 국가의 군주로서 그의 행적이 위대했던 만큼, 제가 앞서 군주가 모름지기 닮아야 한다고 말씀드렸던 여우와 사자의 속성을 그가 얼마나 유용하게 활용했는지 간단히 짚고 넘어가도록 하겠습니다.

율리아누스 황제의 나태함을 잘 알고 있던 세베루스는 슬라보니아에서 그가 이끌고 있던 군대를 설득했습니다. 로마로 진군하여 근위병들에게 살해된 페르티낙스의 죽음에 대해 복수하자는 요지였습니다. 이렇게 세베루스는 군주의 자리에 대한 야심을 숨긴 채 복수를 빌미로 군대를 이끌고 로마로 향했으며, 그가 출발했다는 사실이 미처 전해지기도 전에 이탈리아에 당도했습니다. 세베루스가 로마에 도착하자 겁에 질린 원로들은 그를 황제로 선출하고 율리아누스를 살해했습니다. 제국 전체를 통치하고자 했던 세베루스에게는 이제 두 가지 난관이 남아 있었습니다. 그 하나는 아시아 군대의 지도자인 페스켄니우스 니게르가 황제를 자처하고 있다는 사실이었고, 또 하나는 서쪽의 알비누스 역시 황제의 자리를 넘보고 있다는 사실이었습니다. 동시에 두 사람에게 적의를 보이는 것은 위험하다고 판단한 세베루스는 우선 니게르를 공격하면서 알비누스는 속이기로 했습니다. 그리고 알비누스에게 편지를 썼습니다. 원로원에서 자기를 황제로 추대했는데, 그 권위를 알비누스와 나누고 싶다는 내용이었습니다. 그리고 알비누스에게 카이사르라는 칭호를 보내면서, 원로원에서도 그를 황제의 동반자로 추대했다고 썼습니다. 알비누스는 그 내용을 그대로 믿었습니다. 하지만 니게르를 공격하여 죽이고 아시아 지역을 평정한 후 로마로 돌아온 세베루스는 원로들에게 알비누스에 대한 불만을 터트렸습니다. 자기가 베푼 혜택에 감사하기는커녕 음모를 꾸며 자기를 살해하려 했다는 내용이었습니다. 배은망덕한 그를 처단해야 한다고 주장했습니다. 그러고 나서 세베루스는 프랑스에 있는 알비누스를 공격하여 그의 나라를 빼앗고 살해했습니다. 이러한 세베루스의 행적을 살펴보면 그가 용맹스러운 사자와 교활한 여우의 기질을 모두 가지고 있음을 알 수 있을 것입니다. 모두가 두려워하면서도 그를 존경했으며, 동시에 군대의 호감도 유지했습니다. 신생 국가의 군주가 제국을 훌륭하게 지배할 수 있었다는 사실에 의아해할 필요는 없습니다. 그의 폭력성으로 인해 사람들이 증오심을 품게 되었다고 해도 그의 드높은 명성이 언제나 그를 보호해 주었기 때문입니다.

그의 아들 안토니우스 역시 뛰어난 기량을 지녀서 민중에게 존경받았으며, 호전적인 기질로 군인들에게도 호감을 얻었습니다. 그는 어떠한 역경도 견뎌낼 만큼 강인했으며, 호화로운 음식이나 그 밖의 모든 사치를 경멸했습니다. 그러한 안토니우스를 군인들은 친애하며 따랐습니다. 그렇기는 하지만 그는 유례가 없을 만큼 폭력적이고 잔인해서 개개인을 살해한 일은 수도 없이 많았고, 나중에는 로마의 시민 다수와 알렉산드리아 주민 전체를 살해하기도 했습니다. 그러다 보니 점차 모든 사람이 그를 증오하게 되었으며, 가까이 있는 사람들은 그를 두려워했습니다. 그러다가 자기 군대에 둘러싸인 채 100인 대장에게 살해되었습니다. 여기서 한 가지 기억해야 할 것이 있습니다. 결연하고 절실한 동기가 용기를 불어넣어 저지르게 되는 이와 같은 암살은 군주도 피할 수 없다는 사실입니다. 누구든 죽음을 각오한다면 저지를 수 있기 때문입니다. 그렇지만 그러한 경우는 매우 드물어서 크게 두려워할 필요는 없습니다. 단지 나라의 일을 맡고 있거나 측근에 있는 사람들에게 심각한 해를 끼치지 않도록 주의하면 됩니다. 안토니우스는 이런 면에서 현명하게 처세하지 못했습니다. 100인 대장의 형제를 죽이고 그를 매일 협박하면서도 그에게 경호를 맡겼던 것입니다. 이는 무모한 판단이었으며, 그것은 결국 황제의 몰락으로 입증되었습니다.

이제 콤모두스의 이야기로 넘어가겠습니다. 마르쿠스의

아들로서 왕권을 물려받은 그로서는 제국을 다스리는 일이 매우 수월했을 것입니다. 아버지의 발자취를 따라가면서 백성과 군인들을 충족시켜주기만 하면 되었기 때문입니다. 하지만 천성적으로 잔인하고 야만적인 그는 민중을 착취하기 위해 군인들의 취향을 만족시키면서 군대의 부패를 조장했습니다. 그러면서도 군주로서의 위신을 지키지 못하고 경기장으로 내려가 검투사들과 겨루기도 했습니다. 그 외에도 군주의 위엄에 걸맞지 않은 사악한 행위들도 저질렀기 때문에 군인들의 경멸을 받게 되었습니다. 그렇게 민중에게는 미움받고, 군인들에게는 경멸받다가 결국엔 음모에 걸려 죽음을 맞이했습니다.

이제 막시미누스의 성품을 살펴볼 일만 남았습니다. 막시미누스는 호전적인 사람이었습니다. 앞서 말씀드린 것처럼, 알렉산데르의 나약함을 경멸하던 군대는 알렉산데르를 죽이고 막시미누스를 왕좌에 앉혔습니다. 하지만 막시미누스는 두 가지 이유로 미움과 경멸을 받게 되어 그 자리를 오랫동안 누리지 못했습니다. 하나는 그가 트라키아에서 양치기 생활을 했다는 점이었는데, 이 사실이 알려지면서 모두가 그를 몹시 수치스럽게 여겼습니다. 그리고 또 하나는, 처음 추대되었을 때 로마로 가서 황제의 자리에 앉는 일을 미뤘으며, 그러는 동안 잔혹하다는 평판을 얻은 것이었습니다. 이는 로마를 비롯한 제국의 다른 지방에 있는 행정관들이 온갖 악행들을 저지르다 보니 초래된 결과였습니다. 그렇게 온 세상이 그의 천한 태생을 경멸하고 그의 야만성을 두려워하자, 제일 먼저 아프리카가 반란을 일으켰고 이어서 원로들과 로마 시민들이 들고일어났습니다. 그러자 이탈리아 전체가 그를 몰아내려는 음모를 꾸몄고, 거기에 그의 군대도 가담하여 그를 살해했습니다. 당시 그의 군대는 아퀼레이아를 포위하고 그곳을 공략하느라 어려움을 겪고 있었는데, 막시미누스의 잔인함에 염증을 느끼던 중에 그가 많은 사람에게 미움을 받고 있다는 사실을 알게 되자 그를 두려워하는 마음이 덜해졌던 것입니다.

철저히 경멸받아서 곧바로 제거된 헬리오가발루스와 마크리누스, 율리아누스에 대한 논의는 건너뛰고, 한 마디만 드리면서 이 이야기를 마무리하겠습니다. 우리 시대의 군주들은 자기 군대를 만족시켜야 하는 어려움을 별로 겪지 않습니다. 군인들을 어느 정도 충족시켜야 할 필요는 있지만, 그것은 어렵지 않은 일이기 때문입니다. 그렇지만 로마 제국의 군대처럼 지방을 관리하거나 통치하는 데 군인들이 관여하게 하지는 않습니다. 만약 그렇게 한다면 당연히 민중보다 군인들을 만족시키는 데 치중해야 할 것입니다. 하지만 오늘날의 군주는, 튀르크와 술탄을 제외하고는, 군인들보다 민중을 충족시키기 위해 노력해야 합니다. 민중의 힘이 더 크기 때문입니다.

위에서 튀르크를 제외한 이유는 항상 주위에 1만 2천 명의 보병과 1만 5천 명의 기병이 에워싸고 왕과 국가의 안전을 지키고 있기 때문입니다. 그러므로 튀르크의 군주는 민중을 배려하는 마음을 제쳐두고, 군사들과 호의적인 관계를 유지하도록 노력해야 합니다. 술탄의 왕국도 전적으로 군인들의 손에 의존하고 있으며, 민중을 배려하기보다 군대에 우호적이어야 한다는 면에서 흡사합니다.

그렇지만 술탄의 국가는 그리스도교의 교황령과 비슷하다는 점에서 다른 군주국들과 다릅니다. 그것은 세습 국가라 할 수도 없고, 신생국도 아닙니다. 연로한 군주의 아들이 왕위를 물려받는 것이 아니라, 선거권을 가진 사람들이 새 군주를 선출하며, 선대 군주의 아들들은 귀족의 신분을 유지할 뿐입니다. 이는 예로부터 이어지는 제도이므로 신생 군주국이라는 이름이 합당치 않습니다. 신생 국가들이 겪어야 하는 어려움이 전혀 없기 때문입니다. 군주는 새로 선출되었지만, 국가의 제도가 오래되었으므로 군주도 세습 군주와 같은 대우를 받게 됩니다.

먼저 하던 이야기로 돌아가겠습니다. 제가 드린 말씀을 돌이켜 보면, 미움과 경멸을 받는 것이 위에 언급된 황제들에게 치명적이었다는 사실을 알 수 있을 것입니다. 아울러 어떻게 해서 그런 일이 일어나게 되었는지도 이해하게 될 것입니다. 그들 중 일부는 이렇게 행동하고, 일부는 저렇게 행동했는데, 같은 행동 방식을 취해도 어떤 이는 행복한 결말을 맞고, 어떤 이는 불행한 결말을 맞았습니다. 페르티낙스와 알렉산데르는 신생 군주였으므로 세습 군주였던 마르쿠스처럼 행동하는 게 효과적이지 못하고 위험했을 것입니다. 마찬가지로 카라칼라, 콤모두스, 막시미누스가 세베루스를 모방하는 것도 그들에게는 치명적이었습니다. 세베루스의 행적을 뒤따를 만한 역량과 용맹함을 갖추지 못했기 때문입니다. 그러므로 신생 군주는 마르쿠스의 행적을 흉내 낼 수 없으며, 세베루스의 행적을 따르고자 할 필요도 없습니다. 그렇지만 국가를 세우는 데 필요한 세베루스의 역량과 안정된 국가를 유지하는 데 필요한 마르쿠스의 합당하고 빛나는 통치 기술은 배울 필요가 있습니다.

20장

요새 구축을 비롯하여 군주의
주요 업무로 여겨지는 많은 일들은
득이 되는가, 아니면 해가 되는가?

국가 안보를 확고하게 유지하는 방편으로 어떤 군주들은 신민을 무장해제 시키고, 어떤 군주들은 자기가 다스리는 지역에 파벌을 조성합니다. 그런가 하면 신민들 사이에 적대감을 부추기기도 하고, 통치 초기에 미심쩍었던 자들을 회유하려는 노력도 기울입니다. 어떤 군주는 요새를 구축하고, 어떤 군주는 요새를 무너뜨리거나 파괴합니다. 그러한 결정들이 내려지는 데 작용했던 지역별 세부 요인들을 모두 파악하고 있지 않은 한, 전적으로 옳고 그름을 판단할 수는 없을 것입니다. 그렇다고 해도 저는 가능한 한 보편적인 관점에서 이 문제에 관해 이야기해 보고자 합니다.

신생 군주가 신민을 무장 해제시킨 사례는 없습니다. 오히려 무장되어 있지 않은 신민을 무장시키고자 애쓰는 편입니다. 왜냐하면 그들이 무장하게 되면 그 무기는 당신 소유가 되고, 당신이 신뢰할 수 없었던 자들이 충성심을 보이기 시작할 것이며, 이미 충성스러웠던 자들은 변하지 않을 것이고, 신민이 열정적으로 당신을 지지하게 될 것이기 때문입니다. 모든 신민을 무장시킬 수 없다고 해도, 무장된 일부에게 혜택을 준다면, 다른 사람들도 쉽게 통솔할 수 있습니다. 왜냐하면 혜택을 받은 사람들은 당신에게 더욱 충성할 것이며, 그 외에 무장하지 않은 사람들은 위험부담을 지고 의무를 수행하는 이들이 더 많은 보상을 받는 게 당연하다고 생각하며 당신의 처사를 받아들일 것이기 때문입니다. 그렇지만 신민을 무장해제 시키면 그들은 당신이 소심하거나 신민에 대한 신뢰가 없어서 그러는 것으로 받아들이고 당신을 원망하거나 미워할 수 있습니다. 또한 군주의 처지에서도 무장하지 않은 상태로 권력을 유지할 수 없으므로, 결국은 용병을 고용하게 될 것입니다. 용병에 대해서는 앞에서도 살펴본 바 있지만, 설사 실력 있는 용병을 고용하더라도, 그들만으로는 강력한 외적에 맞서거나 당신에게 적대적인 신민으로부

터 당신을 보호할 수 없습니다. 그러므로 신생 국가의 새 군
주는 항상 군대를 조직하고 무기를 배분해 주었습니다. 역사
는 그러한 사례들로 가득합니다. 그러나 기존의 국가에 새
영토가 병합되었을 때는, 그곳을 점령하는 데 동참했던 측
근들을 제외하고는 그 영토의 신민을 모두 무장해제 시켜야
합니다. 그리고 시간이 지나면서 기회가 생기면 그 측근들의
세력도 약화해야 합니다. 그리하여 당신 가까이에 있는 당신
의 군인들에게 무력이 집중되도록 해야 합니다.

우리 선조와 현자들의 말에 따르면, 피스토이아는 파벌로
다스리고, 피사는 요새를 지어 지켜야 한다고 했습니다. 이러
한 전략에 근거하여 그들은 속국의 도시에 분열을 조장함으
로써 좀 더 쉽게 다스릴 수 있었습니다. 이탈리아가 어느 정
도 균형을 이루고 있던 시절에는 이런 방식이 효과적이었을
지 모릅니다. 하지만 이제 이런 방법은 통하지 않습니다. 분
열은 어떤 식으로도 유익하지 못할 것이며, 오히려 분열된 상
태에서 적이 다가온다면 더 빨리 몰락할 수도 있습니다. 파
벌 중에 가장 약한 자들은 언제나 외세와 손을 잡게 마련이
고, 남은 파벌들만으로는 적에 맞설 수 없기 때문입니다. 베
네치아인들도 위의 논리를 따라 그들의 속국에 있는 도시에
겔프와 기벨린이라는 두 개의 파벌을 만들었습니다. 유혈 사

태까지 끌고 갈 의도는 아니었지만, 아무튼 이 둘 사이에 분열을 조장했습니다. 그렇게 하면 분쟁에 휘말리느라 바쁜 시민들이 대동단결하여 군주에게 대항할 생각을 할 수 없을 것이기 때문이었습니다. 하지만 우리가 알고 있다시피, 상황은 그들이 예상한 대로 돌아가지 않았습니다. 바일라에서 패배한 후, 둘 중 한쪽이 과감하게 들고일어나 군주의 영토를 빼앗은 것입니다. 이는 곧 군주가 약했다는 방증이기도 합니다. 왜냐하면 군주가 강력히 통치하는 국가에서는 파벌이 허용되지 않기 때문입니다. 분열을 조장해서 쉽게 통치하는 것은 평상시에나 가능한 방법입니다. 전쟁이 일어나면 이런 정책은 곧 오류임이 입증됩니다.

군주의 권력은 시련과 장애를 극복하면서 커집니다. 그러므로 세습 군주보다 명예를 얻을 필요가 더 절실한 새 군주를 위대한 인물로 만들고자 할 때, 운명은 적의 세력을 일으켜 군주를 공격하도록 하는 것입니다. 그러면 새 군주는 그 적을 물리칠 기회를 얻고, 적이 놓아준 사다리를 타고 더 높이 칭송받는 자리로 올라가게 됩니다. 이러한 이유로 많은 사람이, 현명한 군주는 기회가 있을 때 자신에게 적대적인 세력을 키우고 그 세력을 물리침으로써 스스로 명성을 높여야 한다고 생각하는 것입니다.

군주들, 특히 신생 국가의 군주들은 처음부터 신뢰할 수 있었던 자들보다 처음에는 적대적이고 미심쩍었던 자들에게서 더 진실한 충성심과 조력을 받았습니다. 시에나의 군주 판돌포 페트루치는 그가 의심했던 사람들을 더 많이 기용해서 국가를 다스렸습니다. 하지만 이 문제는 개개의 상황에 따라 다르므로 보편화해서 말하기가 곤란합니다. 제가 말씀드릴 수 있는 것은 정권 초기에 군주에게 적대적인 사람들이라도 자기들의 생존을 위해서는 권력의 도움이 필요하기 때문에 이들을 회유하기가 매우 쉽다는 사실입니다. 게다가 처음에 좋지 않은 인상을 주었던 것을 만회해야 한다는 생각으로 더 충실한 일꾼 역할을 할 것입니다. 따라서 군주는 처음부터 안정적으로 충성을 바쳐서 이런 문제를 고민하지 않는 자들보다 후자에게서 더 많은 이득을 얻을 수 있습니다. 하지만 여기서 한 가지 분명히 해 두어야 할 것이 있습니다. 은밀한 도움에 힘입어 영토를 획득한 군주는 도움을 준 자의 의도와 동기를 정확하게 파악해야 한다는 점입니다. 만약 그 이유가 새 군주에 대한 자연스러운 호감이 아니라 기존 정부에 대한 불만 때문이었다면, 그의 우정은 많은 문제와 난관을 불러올 것입니다. 그런 자들의 불만을 충족시켜준다는 것은 거의 불가능한 일이기 때문입니다. 고대와 근래의 사례를 찾아 고찰해 보면, 이전 정부에서 만족스럽게 살아서 새 점령자에게 적대감을 보이는 사람들과 우호 관계를 맺는 것이, 이전 정부에 불만이 많아 그것이 전복되기를 바라며 새로운 군주를 부추기는 자들과 관계를 맺는 것보다 안전하다는 것을 알 수 있습니다.

국가의 보안을 안정적으로 확보하기 위해서 군주들은 흔히 요새를 구축했습니다. 요새는 외부의 공격이 시작되는 순간, 군주가 안전하게 피신할 수 있는 곳으로, 군주를 해칠 음모를 꾸미는 자들에게는 재갈이자 굴레였습니다. 저는 전통적으로 내려오는 이 관례를 존중합니다. 그런데 우리 시대의 니콜로 비텔리는 나라를 지키기 위해 치타 디 카스텔로에 있는 두 요새를 허물었습니다. 우르비노의 공작인 구이도발도는 체사레 보르자에게 빼앗겼던 영토를 되찾았을 때, 그 지역에 있는 요새들을 기초도 남기지 않고 완전히 파괴했습니다. 차라리 요새가 없는 편이 영토를 지키는 데 유리하다고 생각했던 것입니다. 벤티볼리오 일가도 볼로냐로 돌아왔을 때 비슷한 결정을 내렸습니다. 이렇게 요새는 상황에 따라 유용할 수도, 그렇지 않을 수도 있습니다. 한 가지 면에서 유용하지만 또 다른 면으로 손해를 끼칠 수도 있습니다. 이를 논리적으로 설명하자면 이렇습니다. 외국의 세력보다 자기 백성을 두려워해야 하는 군주는 요새를 지어야 합니다. 하지만 백성보다 외적을 두려워해야 하는 군주는 요새를 짓지 말아야 합니다. 프란체스코 스포르차가 지은 밀라노 성은 스포르차 일가에 어떤 국가적 문제보다도 더 큰 골칫거리를 안겨주었으며, 앞으로도 그럴 것입니다. 이러한 이유에서 가장 이상적인 요새는 민중의 미움을 받지 않는 것입니다. 당신이 요새를 가지고 있다고 해도, 민중이 당신을 미워한다면 요새도 안전한 피난처가 될 수 없습니다. 민중이 당신을 해치고자 무기를 든다면 이를 도와줄 외국의 세력은 얼마든지 있을 것이기 때문입니다. 우리 시대에 요새가 군주에게 도움이 되었던 사례는 찾아볼 수 없습니다. 유일하게 예외가 있다면 포를리 백작 부인일 것입니다. 남편인 지롤라모 백작이 죽었을 때, 그녀는 요새가 있었기 때문에 민중의 공격을 피하고 밀라노의 도움을 기다릴 수 있었으며, 영토를 되찾을 수 있었습니다. 당시는 외국의 세력이 민중을 도와줄 수 있는 상황이 아니었기 때문입니다. 하지만 훗날 체사레 보르자가 그녀를 공격하고, 그녀에게 적대감을 가진 민중이 그와 연대를 맺었을 때는 요새도 아무런 역할을 하지 못했습니다. 그러니 그녀는 당시에도 그전에도, 요새를 소유하는 것보다는 민중의 미움을 사지 않는 것이 훨씬 더 안전한 길이었을 것입니다. 그러므로 이 모든 요소를 고려해 볼 때, 요새를 구축하는 군주와 구축하지 않는 군주를 모두 칭송할 것이나, 요새를 믿고 민중의 미움을 사는 군주는 비난합니다.

21장

군주는 명성을 얻기 위해 어떻게 해야 하는가

위대한 업적을 이루고 모범을 보이는 것만큼 군주를 드높이는 일은 없습니다. 현시대에서 예를 들어 보자면 스페인의 왕인 아라곤의 페르난도가 있습니다. 그는 세력이 미미한 왕이었으나, 명성과 영예를 얻음으로써 그리스도교인들 사이에서 가장 위대한 왕이 되었으니 신흥 군주라 할 수 있겠습니다. 그의 업적을 살펴보면 모두 대단하지만, 그중에서도 몇 가지는 특히 뛰어납니다. 그는 정권 초기에 그라나다를 공격했으며, 이를 통해 통치 기반을 마련했습니다. 누구의 방해도 받지 않을 수 있는 초기에 이 일을 감행한 것입니다. 카스

티야의 제후들은 전쟁에 열중하느라 어떤 형태의 개혁도 꿈꿀 수 없었으며, 그동안 페르난도는 세력을 확장하고 제후들을 지배할 수 있는 기반을 다졌습니다. 그는 교회와 백성의 돈으로 군대를 유지했는데, 오랜 전쟁을 하는 동안 군대는 전술을 익히고 점점 강성해져서 그의 명성을 더욱 높여주었습니다. 그뿐 아니라 페르난도는 자신의 담대한 계획을 감행하는 데 언제나 종교를 내세웠습니다. 왕국에서 무어인들을 몰아낼 때도 경건한 잔인함을 자처했는데, 이는 역사상 유례를 찾아보기 힘들 정도로 잔혹하고도 독보적인 행보였습니다. 그는 같은 명목으로 아프리카를 공격하고 이탈리아까지 진격하여, 결국 프랑스까지 침공했습니다. 그의 계획과 성취는 언제나 이렇게 원대했으며, 하나가 끝나면 그다음 행보로 이어져 신민들을 끊임없이 긴장시키고 경외감에 빠지게 했으므로, 그의 신민들은 다른 생각을 하거나 음모를 계획할 수 없었습니다.

밀라노의 군주인 베르나보 공작처럼 왕국 내에서 독보적인 업적을 남기는 것도 군주가 명성을 얻는 데 큰 도움이 됩니다. 그는 시민 중에서도 좋은 일이나 나쁜 일로 본보기가 될 만한 사람은 크게 보상하거나 처벌해서 많은 사람의 입에 오르내리게 했습니다. 그러므로 무엇보다도 군주는 무슨 일을 하든 위대하거나 탁월하다는 평판을 얻도록 노력해야 합니다.

군주는 진정한 친구이거나 완전한 적일 때 존중받습니다. 다시 말해서, 어떤 상황에서든 자기가 지지하는 쪽과 반대하는 쪽을 주저 없이 밝힐 수 있어야 한다는 뜻입니다. 그러는 편이 중립을 지키는 것보다 유리합니다. 당신 측근에 있는 두 세력 간에 충돌이 생길 경우, 둘 중 어느 쪽이든 이기게 될 것인데, 당신은 그를 두려워할 수도 있고 그렇지 않을 수도 있습니다. 어떤 경우든 군주는 자신의 태도를 분명히 밝히고 적극적으로 전쟁을 치러야 합니다. 만약 승자가 두려워할 만한 존재였다면 군주가 태도를 분명히 밝히지 않았을 경우, 그에게 먹힐 수가 있습니다. 승리를 자축하는 그의 전리품이 될 것이며, 그때 자신을 보호할 방편이나 피난처가 없을 것입니다. 왜냐하면 승자는 자기가 역경에 처해 있을 때 도와주지 않았던 미심쩍은 친구를 동지로 생각하지 않을 것이며, 패한 쪽에서는 전쟁 중에 무기를 들고 자기와 함께하지 않았던 당신에게 피난처를 제공하지 않을 것이기 때문입니다.

안티오코스가 아이톨리아인들의 요청으로 로마인들을 몰아내기 위해 그리스에 침입했을 때입니다. 안티오코스는 로마의 우방이었던 아카이아인들에게 사절단을 보내서 중립을 지켜줄 것을 제의했습니다. 하지만 로마인들은 그들에게 무기를 들고 싸워야 한다고 설득했습니다. 아카이아인들은 이 문제를 평의회에서 심의했습니다. 거기서 안티오코스의 사절이 중립을 지켜야 한다고 주장하자, 로마 사절은 이렇게 말했습니다. "전쟁에 끼어들지 않는 것이 유익할 것이라는 말은 틀렸습니다. 전쟁에 참여하지 않으면 당신들은 어떠한 혜택도 배려도 받지 못하고 승자의 전리품이 될 것입니다." 이처럼 중립을 지켜달라고 요구하는 자는 언제나 우방이 아닙니다. 우방이라면 당신에게 무기를 들고 함께 싸우자고 간청할 것입니다. 우유부단한 군주는 당장 코앞에 직면한 위험을 피하고자 중립을 택합니다. 그리고 결국 몰락합니다. 그러나 군주가 용감하게 어느 한쪽의 편임을 밝힌다면 그가 동맹임을 밝힌 쪽이 이길 경우, 그가 더 강해져서 당신이 그의 처분에 맡겨지는 신세가 된다고 해도, 당신에게 진 빚이 있으므로 우호 관계가 성립됩니다. 그런 상황에서 당신을 억압하고 배은망덕한 행동을 할 만큼 파렴치한 사람은 없습니다. 승리라는 것이 승자가 정의를 무시해도 될 만큼 완벽하고 절대적인 결과는 아닙니다. 그러나 당신이 동맹을 맺은 쪽이 진다면 그는 당신에게 피신처를 제공해줄 것이며,

힘이 있는 한 당신을 도울 것입니다. 그리고 행운이 다시 그의 편으로 돌아오는 날, 당신은 그의 동반자가 될 것입니다.

두 번째로 양편 중 누가 이기든 당신이 별로 두려워할 일이 없는 상황이라면 더 적극적으로 어느 한쪽을 선택해서 동맹을 맺어야 합니다. 그러면 당신은 한편의 도움을 받아 다른 한편을 몰락시키는 셈이 되는데, 이때 현명한 군주라면 당신에게 도움을 청하지 않았을 것입니다. 왜냐하면 당신의 도움을 받은 이상, 그는 승리한다 해도 당신의 재량에 맡겨질 것이기 때문입니다. 여기서 한 가지 주목할 것은 다른 나라를 공격할 때 불가피한 상황이 아니면 자기보다 힘센 자와 동맹을 맺어서는 안 된다는 사실입니다. 그의 도움으로 승리할 경우, 당신은 그에게 신세를 졌으므로 그의 통제를 받을 수밖에 없는데, 이는 군주가 어떤 경우에도 피해야 하는 상황이기 때문입니다. 베네치아인들은 밀라노의 공작에 맞서기 위해 프랑스와 손을 잡았는데, 베네치아 몰락의 원인이 되었던 이 연대는 그들이 피할 수 있었던 것입니다. 하지만 이러한 동맹을 피할 수 없다면 위에 열거한 이유에 근거해서, 군주는 어느 한편과 손을 잡아야 합니다. 교황과 스페인이 롬바르디아를 공격하기 위해 군대를 보냈을 때 피렌체인들이 그렇게 했습니다.

어느 군주도 완벽하게 안전한 선택을 할 수는 없습니다. 오히려 의심스러워 보이는 선택을 할 수밖에 없다고 생각하는 편이 낫습니다. 세상일이라는 게 한 가지 위험을 피하려다 보면 다른 위험을 맞닥뜨리게 마련이기 때문입니다. 다만 위험의 성격을 파악하고, 해악이 적은 쪽을 선택하는 것이 최선입니다.

또한 군주는 역량 있는 인재를 후원하고 다양한 예술 분야의 재능을 우대하는 사람임을 보여야 합니다. 동시에 시민들이 상업과 농업 등의 생업에 안심하고 종사할 수 있도록 격려해 주어야 합니다. 그래야만 시민들이 빼앗길 것을 두려워해서 자산 증식을 망설이거나, 세금 부담이 걱정되어 상업적인 거래를 주저하는 일이 없을 것입니다. 그러므로 군주는 누구든 이러한 일을 시도하거나 도시와 국가에 도움이 되는 일을 하려는 사람은 포상해 주어야 합니다.

그뿐 아니라 날씨가 좋은 계절에는 축제를 열거나 구경거리들로 시민을 즐겁게 해주어야 합니다. 도시민들은 길드나 계층으로 나뉘어 있으므로 이들을 각기 북돋워 주고 때때로 이들과 어울림으로써 군주의 인자한 품성과 넓은 아량을 보여 주어야 합니다. 그러면서도 군주의 위상은 항상 근엄하게 지켜야 하며, 이에 대해서는 조금도 소홀함이 없어야 합니다.

22장

군주의 대신들에
대하여

대신을 선임하는 일은 군주에게 매우 중대한 일이며, 그들이 유능한가 그렇지 못한가는 군주의 판단 능력에 달려 있습니다. 그러므로 군주의 성품과 지혜를 알아보려면 우선 그의 대신들을 살펴보면 됩니다. 그들이 유능하고 충실하다면 그 군주는 현명하다고 보아도 좋습니다. 유능한 인재를 알아보고 그들이 충성을 바치도록 이끌어 올 수 있었기 때문입니다. 하지만 그 반대의 경우라면 그 군주에 대해서 좋은 평가를 할 수 없습니다. 그들을 선택하는 데서부터 현명하지 못했기 때문입니다.

베나프로의 안토니오가 시에나의 군주 판돌포 페트루치의 대신임을 아는 사람은 판돌포가 안토니오를 대신으로 선임했다는 사실만으로도 그가 현명한 군주임을 알 수 있을 것입니다. 인간은 지적 능력에 따라 세 부류로 나눌 수 있습니다. 첫째는 자신을 이해하는 능력을 갖춘 부류이고, 둘째는 다른 사람이 이해한 바를 설명했을 때 알아듣는 능력을 갖춘 부류이며, 셋째는 스스로 이해하지도 못하고, 남이 설명해도 이해하지 못하는 부류입니다. 첫 번째가 가장 탁월한 사람들이고, 두 번째도 역시 우수한 사람들이나, 세 번째는 쓸모없는 사람들입니다. 만약 판돌포가 첫 번째 부류에 들지 못한다면 두 번째 부류임이 분명합니다. 누군가의 말과 행동을 보고 그것이 좋은지 나쁜지를 판단할 수 있었다는 뜻이기 때문입니다. 비록 솔선해서 뭔가를 창출해내지는 못하더라도 신하들의 훌륭한 점과 부족한 점을 알아보고, 칭찬해 줘야 할 사람과 바로 잡아줘야 할 사람을 가려낼 줄 아는 것입니다. 그러므로 신하들은 감히 군주를 속이려는 마음을 먹지 못하며 항상 정직하고 충실합니다.

군주가 신하들에 대해서 알아보고 평가하고자 할 때, 절대 실패하지 않는 방법이 있습니다. 군주의 유익보다 자신의 유익을 더 중요하게 생각하여 매사에 자신의 이득을 추구

한다면 그런 자는 충실한 신하가 될 수 없으므로 신뢰하지 말아야 합니다. 국가의 일을 하는 사람은 항상 자기 일보다는 군주의 일을 먼저 생각해야 하며, 군주의 일이 아니면 관심을 두지도 말아야 합니다.

반면에 군주도 대신들이 언제나 정직하고 충실하기를 원한다면 그들에게 관심을 두고 칭찬해 주며 부를 누리게 해주어야 합니다. 또한 대신들을 자상하게 대하고 명예와 책무를 나눠주되, 누구도 독불장군이 될 수 없음을 깨닫게 해야합니다. 그리하면 충분한 명예를 가졌으니 더 이상을 원하지 않고, 부를 가졌으니 더 많은 것을 탐하지 않으며, 책무를 지고 있으니 무모한 행동을 하지 않을 것입니다. 군주와 신하가 이런 관계를 맺으면 서로를 신뢰할 수 있으나, 그렇지 않으면 어느 한쪽이 처참한 결말을 맞이하게 됩니다.

23장

아첨꾼은 어떻게
피해야 하는가

군주에게 있어 간과할 수 없는 중요한 문제가 있습니다. 이는 세심한 주의를 기울이거나 현명하게 판단하지 않으면 피하기 힘든 위험 요소이기도 한데, 바로 궁중 내에 가득한 아첨꾼들에 관한 문제입니다. 사람은 누구나 자기 자신에 대해서는 관대하기 마련이고, 자기기만에 빠져 사는 면이 있으므로 아첨꾼들의 간교함에 넘어가기가 쉽습니다. 그렇다고 그러한 위험으로부터 자신을 보호하려다 보면 경멸을 받게 되는 수도 있습니다. 아첨꾼들로부터 당신을 지키려면 진실을 말해도 당신이 노여워하지 않는다는 것을 보여주는 것 외에는 방법이 없습니다. 하지만 모두가 당신에게 진실을 말할 수 있게 되면 당신에 대한 존경심이 약해질 수 있습니다.

그러므로 현명한 군주는 또 다른 방법을 선택해야 하는데, 그것은 바로 나라 안에서 가장 지혜로운 사람들을 선택하여 그들만이 군주에게 진실을 고할 수 있게 하는 것입니다. 이들은 오직 군주가 묻는 일에 관해서만 자기 의견을 말해야 하지만, 군주는 그들에게 어떤 것에 관해서도 물을 수 있습니다. 이들의 의견을 듣고 나서 자기 나름대로 결정을 내리는 것입니다. 군주는 이들이 단체로 또는 개인적으로 의견을 고할 때, 자유롭게 진실을 말할수록 군주가 더 좋아한다는 사실을 모두가 깨닫게 해야 합니다. 그리고 이들 외에는 누구의 말도 듣지 말고, 마음먹은 일은 확고히 추구하며, 한번 결정한 일에 대해서는 흔들리지 말아야 합니다. 그러지 않으면 아첨꾼들에 의해 몰락하거나 주변의 의견에 따라 흔들리다가 경멸받게 될 것입니다.

최근의 예를 하나 들어 보겠습니다. 현 황제인 막시밀리안의 조언자 루카 신부는 황제에 대해 이렇게 말했습니다. "그분은 누구의 조언도 구하지 않으시는데, 그렇다고 매사에 자기 뜻대로 행하시는 것도 아닙니다." 이는 황제가 위에서 말씀드린 것과 반대로 행동하는 데에 따른 결과입니다. 막시밀리안 황제는 비밀스러운 사람이어서 자신의 계획을 누구와 상의하는 법이 없으며, 다른 사람의 의견을 구하지도 않습니다. 그러다가 막상 계획을 실행하려고 할 때 비로소 드러나 모두가 알게 됩니다. 그런 다음 주변 대신들이 반대 의견을 제시하고 막아서기 시작하면 결의가 약한 군주는 마음을 바꿔 포기하는 것입니다. 결국 어느 날 시작했던 일을 다음 날 그만두는 상황이 벌어지고, 아무도 군주가 무엇을 원하는지 어떤 의도인지 알지 못하며, 그의 결단을 믿지 못하게 되는 것입니다.

그러므로 군주는 항상 조언을 구하는 것이 좋습니다. 하지만 다른 사람이 원할 때가 아니라 군주 자신이 원할 때여야 하며, 군주가 요청하지 않았는데도 조언하려는 행위는 통제하거나 금해야 합니다. 하지만 군주는 항상 조언자의 의견을 묻고 그 답을 신중히 숙고해야 하며, 누구든 진실을 말하지 않았다고 판단되면 그것에 대하여 노여움을 표시하는 것이 좋습니다.

군주가 현명해 보이는 것은 그가 실제로 유능해서라기보다는 주변 대신들이 현명하기 때문이라고 생각하는 사람들도 있습니다. 하지만 이는 잘못된 생각입니다. 예외 없이 자명한 진리가 하나 있는데, 그것은 바로 현명하지 못한 군주는 훌륭한 조언을 얻지 못한다는 것입니다. 혹시 운 좋게 도 나라의 일을 한 사람에게 전적으로 맡겼는데 그가 매우 충실한 사람이라면 모르겠지만 말입니다. 하지만 이런 경우 라면 훌륭한 조언을 구할 수는 있겠지만, 오래가지 못할 것 입니다. 그런 조언자는 머지않아 군주를 몰아내고 나라를 차지할 것이기 때문입니다.

연륜이 부족한 군주가 두 사람 이상에게서 조언을 듣게 되면 일치된 의견을 구할 수 없을 뿐 아니라 이를 통합하기 도 어렵습니다. 조언자들은 제각기 자신에게 유리한 관점에 서 생각할 것이고, 군주는 이들을 어떻게 통합하고 그들의 진심을 꿰뚫어 봐야 할지 알 수 없습니다. 인간의 속성이라 는 것이 정직함을 유지하도록 어느 정도 압박을 가하지 않으 면 진심을 외면하게 마련입니다. 그러므로 진실하고 유익한 조언이란 그것이 누구에게서 나오든 군주의 지혜에서 비롯 된다고 봐야 합니다. 좋은 조언으로 군주가 지혜로워지는 것 은 아닙니다.

24장

이탈리아의 군주들은
왜 나라를 잃었는가

앞 장에서 말씀드린 사항을 신중히 지키면 신흥 군주라 해도 안정적인 통치 기반을 다진 것처럼 보일 것이고, 마치 오랫동안 권좌에 앉아 있었던 것처럼 든든하고 안정적이라는 인상을 줄 것입니다. 사람들은 세습 군주보다 신흥 군주를 더 세심히 살피고 들여다보게 마련입니다. 그러다가 그가 역량 있는 군주라고 판단되면 오래된 가문의 군주보다 훨씬 더 강력한 호감도를 가지고 다가갑니다. 인간은 과거보다 현재의 일에 관심을 기울이기 때문에 현재가 좋다고 여겨지면 더 이상 다른 것을 원하지 않으며, 군주가 다른 일에서 그들에게 실망을 주지 않는 한, 군주를 보호하기 위해 최선을 다합니다. 이렇게 되면 신흥 군주는 새 군주국을 세운 영광에 훌륭한 법과 강력한 무기, 굳건한 동맹관계와 모범적인 행적으로 국가를 번영시켰다는 이중의 영예를 얻게 되는 것입니다. 이와 마찬가지로 군주로 태어났으나 지혜가 부족해서 나라를 잃으면 이중의 치욕이 될 것입니다.

나폴리의 왕이나 밀라노 공작처럼 현시대의 이탈리아에서 나라를 잃은 군주들을 살펴보겠습니다. 그들에게서 공통으로 찾아볼 수 있는 결점은 앞에서도 상세하게 논의한 바와 같이 군사적으로 취약했다는 사실입니다. 그다음으로는 민중이 군주에게 적대적이었거나, 아니면 민중은 호의적이었는데 군주가 귀족들과 우호적인 관계를 맺지 못한 경우를 들 수 있습니다. 이러한 결함이 없는 경우, 군주는 군사력을 유지할 힘만 있으면 나라를 잃지 않습니다.

마케도니아의 필리포스왕(알렉산드로스 대왕의 아버지가 아니라, 티투스 퀸크티우스에게 패한 인물)은 그를 공격한 로마 제국이나 그리스에 비하면 보잘것없는 영토를 가지고 있었습니다. 그렇지만 호전적인 기질을 타고났으며, 민중의 마음을 모으고 귀족을 통합하는 능력이 탁월했기에 수년 동안 적의 공격을 막아냈습니다. 그리고 끝내 몇 개 도시는 잃었지만,

왕국은 지킬 수 있었습니다.

그러므로 군주가 오랫동안 통치했던 군주국을 잃었다면 운명을 탓할 것이 아니라, 자신의 나태함을 탓해야 합니다. 날씨가 좋을 때 폭풍을 예상하지 않는 것이 인간의 공통된 약점이다 보니, 그들도 평화가 유지되는 동안은 변화가 올 것을 생각하지 못했던 것입니다. 그러다가 막상 역경이 닥치니 방어하기보다는 도망갈 궁리를 먼저 했습니다. 그러면서 정복자의 횡포에 분노한 민중이 그들을 다시 불러주기를 바랐습니다. 다른 길이 없을 때는 이것도 하나의 방법이 될 수 있겠지만, 다른 대책을 찾지 않고 오직 그것만을 바라는 것은 몹시 잘못된 생각입니다. 누군가 당신을 다시 일으켜 주리라 기대하며 넘어질 수는 없기 때문입니다. 그런 일이 일어나지 않을 수도 있고, 일어난다 해도 당신의 안전이 보장되는 것은 아닙니다. 왜냐하면 그러한 구원책은 당신의 능력에 근거하고 있지 않기 때문입니다. 당신이 통제할 수 있고, 당신의 역량에 근거한 방법만이 확실하고 믿을 수 있으며 영구적입니다.

25장

운명은 인간사에 얼마나 작용하며, 인간은 운명에 어떻게 맞서야 하는가

세상사가 모두 운명과 신의 섭리에 달려 있으며, 인간의 지혜로 바꿀 수 있는 것은 없다고 생각하는 사람들이 많다는 것은 모르지 않습니다. 그러기에 어떤 일에 지나치게 애쓸 필요도 없으며 운명에 맡겨두어야 한다고 주장할 수도 있습니다. 우리 시대에 이러한 생각이 만연하게 된 이유는 우리의 예상을 뛰어넘는 대격변이 일어나는 것을 보았고, 지금도 일어나고 있기 때문일 것입니다. 때때로 그런 생각들을 하다 보면 운명에 대한 사람들의 생각에 어느 정도는 동조하게 되기도 합니다. 그렇다고 해도 저는 인간의 자유 의지를 꺼뜨리지 않기 위해서라도, 운명은 우리 행위의 절반만 주재하고 나머지 절반, 또는 그보다 조금 적은 부분은 우리의 재량에 맡겨둔다고 생각하겠습니다.

운명은 험난한 강에 비유할 수 있습니다. 홍수가 나서 범람하면 평야를 적시고 나무와 건물을 쓰러뜨리며, 흙을 씻어내려 다른 곳에 옮겨놓기도 합니다. 그 거친 폭력 앞에서는 만물이 불가항력이어서 달아나거나 무릎을 꿇습니다. 자연의 속성이 이렇기는 하지만, 대비할 방법이 없는 것은 아닙니다. 날씨가 좋을 때 둑과 제방을 쌓아서 또다시 물이 불어났을 때 운하로 흘러들게 할 수도 있습니다. 그러면 그 위력이 걷잡을 수 없이 커지지 않을 것이며, 따라서 위험하지도 않을 것입니다. 운명도 마찬가지입니다. 대비가 되어 있지 않은 곳에서는 운명이 그 위력을 자랑합니다. 둑과 제방을 쌓아 그에 맞설 준비가 되어 있지 않은 곳일수록 거센 일격을 가하는 것입니다.

지금 격변의 시대를 맞고 있는 이탈리아를 보면, 아무런 대책 없이 무방비 상태로 펼쳐진 들판과 같습니다. 만약 이탈리아가 독일이나 스페인, 프랑스처럼 적절한 방어대책을 세우고 맞섰더라면 이번 침략으로 그와 같은 대격변이 초래되지는 않았을 것이며, 어쩌면 아예 침략이 일어나지 않았을 지도 모릅니다. 이것으로 운명에 맞서는 일반적인 내용에 관해서는 충분하다고 생각됩니다.

이제 좀 더 세부적인 관점에서 살펴보겠습니다. 군주의 성품이나 기질은 전혀 변하지 않았는데 오늘 성했다가 내일 멸망하는 경우가 있습니다. 이는 앞에서 이미 상세히 언급한 이유에서 비롯되는데, 모든 것을 온전히 운명에 맡겼던 군주가 운세가 바뀌면서 몰락하는 것입니다. 시대정신에 따라 대처하는 군주는 성공하고 그렇지 못한 군주는 망합니다. 우리는 앞서간 사람들이 다양한 방법으로 부와 명예를 성취하는 모습을 보아왔습니다. 어떤 사람은 신중하게 한 발 한 발 내디디고, 또 어떤 사람은 서두릅니다. 어떤 사람은 무력을 사용하고, 또 어떤 사람은 지략을 사용합니다. 인내를 가지고 한 발 한 발 나아가는 사람도 있고, 그렇지 못한 사람도 있습니다. 이렇게 모두가 각기 다른 방법으로 목표를 이룹니다. 그런가 하면 두 사람이 신중하게 목표를 향해 다가가는데, 한 사람은 성공하고 한 사람은 실패하는 것을 보기도 합니다. 반대로 신중하고 조심스러운 사람과 성급한 사람이 각기 다른 방법으로 목표를 향해 가는데, 둘 다 성공에 이루기도 합니다. 이는 모두 그들의 방식이 시대정신에 맞는가에 달려 있습니다. 그에 따라 다른 방법으로 살아가는 사람들이 같은 결과를 내기도 하고, 같은 방법으로 살아도 한 사람은 성공하고, 또 한 사람은 몰락하기도 합니다.

나라의 길흉도 이와 같습니다. 군주가 신중하게 인내심을 가지고 통치하는데 시대와 상황이 마침 그걸 요구한다면 그 군주와 국가는 번성할 것입니다. 그러다가 시대와 상황이 바뀌면 그의 통치 방법도 바뀌어야 하는데 그러지 못한다면 그는 몰락할 것입니다. 그러나 사람은 항상 변화에 적절하게 대처할 만큼 용의주도하지 못합니다. 타고난 천성을 쉽게 바꿀 수 없기 때문이기도 하고, 자신의 행동 양식이 늘 좋은 결과를 가져왔기 때문에 갑자기 그것을 바꾸는 것이 좋다는 확신을 가질 수 없기 때문이기도 합니다. 그러므로 신중한 사람이 대담하고 모험적인 행동을 해야 하는 상황이 닥치면 어찌할 바를 모르다가 몰락합니다. 하지만 그가 시대에 맞추어 자신의 행동 양식을 바꿀 수 있다면 운명은 변하지 않을 것입니다.

교황 율리우스 2세는 매사를 성급하고 열정적으로 추진하는 편이었는데, 시대와 상황이 그의 그러한 방식을 요구했기 때문에 언제나 성공을 거두었습니다. 조반니 벤티볼리오가 살아 있을 때 율리우스 2세가 감행했던 볼로냐로의 첫 원정을 예로 들어 보겠습니다. 베네치아인들은 그의 계획에 동의하지 않았으며, 스페인의 왕도 반대했습니다. 프랑스 왕과도 원정에 대해서 여전히 협상 중이었습니다. 그런 상황에서 율리우스는 대담하고 혈기 왕성하게 원정을 이끌었으며, 스페인과 베네치아인들은 속수무책으로 방관만 하고 있었습니다. 베네치아인들은 두려워서였고, 스페인은 나폴리 왕국을 재탈환하려는 야심이 있었기 때문이었습니다. 그러던 중에 율리우스는 프랑스의 왕을 끌어들였습니다. 율리우스의 행적을 지켜본 프랑스 왕은 교황인 율리우스를 우방으로 삼아 베네치아인들의 기세를 눌러주고자 했던 터라 그의 청을 거절할 수 없었던 것입니다. 율리우스 교황은 그렇게 적극성과 용맹스러움으로 지혜롭다고 칭송받는 다른 어느 교황도 이루지 못한 업적을 이루었습니다. 만약 그가 상황이 허락될 때까지 로마에서 기다렸다면, 물론 다른 교황들이라면 그랬겠지만, 절대로 성공하지 못했을 것입니다. 프랑스의 왕은 수천 가지 핑계를 대며 원정에 참여하지 않았을 것이고, 다른 나라들은 교황이 겁먹을만한 이유를 수천 가지는 만들어냈을 것이기 때문입니다.

여기서 더 이상 언급하지는 않겠지만 그의 다른 행적들도 모두 이와 같았으며, 성공적인 결과를 안겨주었습니다. 짧은 생애를 살았던 덕에 성공 이외의 경험을 해보지 못했지만,

만약 그가 신중하고 조심스러운 행보를 요구하는 시대를 만났더라면 그는 타고난 천성을 버리지 못했을 것이므로 몰락했을지도 모릅니다.

결론을 말씀드리자면, 운은 변하고 사람은 쉽게 변하지 못하므로 이 둘이 조화를 이루면 성공적인 결과를 얻지만, 어긋나면 몰락할 수밖에 없습니다. 그래도 저는 조심스러운 것보다 모험적인 편이 낫다고 생각합니다. 왜냐하면 행운은 여성과 같아서 지배하고 싶다면 거칠게 다룰 필요가 있기 때문입니다. 또한 여성은 냉정하게 접근하는 사람보다 모험적인 사람에게 더 끌리기 때문입니다. 운명이 여자처럼 젊은 남자를 좋아하는 이유도, 그들이 덜 조심스러우면서 거칠고, 대담하게 그녀를 제압하기 때문일 것입니다.

26장

야만인들로부터 이탈리아의
해방을 청하는 간곡한 권고

앞 장에서 논의한 문제에 대하여 곰곰이 생각해 보고, 지금이 신흥 군주에게 호의적인 시대인지, 현명하고 역량 있는 군주가 자신의 영예를 높이고 백성에게도 유익이 될 새로운 체제를 도입하기에 좋은 시기인지를 숙고해 보았습니다. 그 결과 저는 이 시대가 신흥 군주에게 더없이 호의적이며, 이보다 더 좋은 기회는 지금까지 없었다고 판단했습니다.

모세의 능력을 드러내기 위해 이스라엘 백성이 노예 생활을 했으며, 키루스의 위대한 정신을 드러내기 위해 페르시아인들이 메디아인들에게 억압받았고, 테세우스의 탁월한 역량을 드러내기 위해 아테네인들이 분열되었던 거라면, 지금 우리는 한 이탈리아인의 정신적 역량을 드러내기 위해 현재와 같은 극단적 곤경 속에서 히브리인들보다도 못한 노예 생활에 페르시아인들보다 더 극심히 억압받으며, 아테네인들보다 더 분열된 것입니다. 지도자도 안정된 체제도 없이 얻어맞고, 빼앗기고, 찢기고, 짓밟힌 채 모든 수모를 겪고 있는 것입니다.

비록 최근에 한 줄기 광명을 비춰준 사람이 있어, 모두 그를 신이 우리를 구원하기 위해 선택한 사람이라고 생각했습니다. 하지만 그가 한창 업적을 쌓아가고 있을 때 운명이 그를 밀어냈습니다. 그리하여 이탈리아는 생기를 잃은 채, 누군가 다시 나타나서 롬바르디아와 나폴리 왕국, 토스카나의 파괴적인 횡포와 약탈을 멈추게 하고 상처를 치료해서 묵은 고통이 사라지게 해주기를 기다리는 것입니다. 지금 이탈리아는 이 모든 악행과 야만적인 횡포에서 구해줄 누군가를 보내달라고 신께 간청하고 있습니다. 누군가 깃발을 들기만 하면 따라갈 준비도 되어 있습니다.

하지만 지금으로서는 전하의 빛나는 가문* 외에는 이탈

---

* 줄리아노 데 메디치를 말한다. 당시 그는 교황 레오 10세에 의해 추기경에 선임되었으며, 1523년에 교황으로 선출되어 클레멘스 7세로 불렸다.

리아가 희망을 걸만한 사람이 없습니다. 전하의 가문이야말로 역량과 행운이 함께 하며, 신과 교회가 특별히 사랑하여 지도자로 임명하시고 이 구원 사업을 이끌도록 위임하셨습니다. 제가 앞서 열거한 인물들의 행적과 삶을 따라가신다면 전하께서 이 위업을 이행하시는 것은 어렵지 않을 것입니다. 그들은 모두 위대하고 훌륭했으나 결국 인간이었으며, 그들이 얻은 기회는 시대가 허락하는 것들이었습니다. 그렇다고 해도 그들이 과업을 성취하는 일은 절대 쉽지 않았습니다. 이는 신께서 전하에게 보여주신 자애로움 이상의 자비를 그들에게 보여주지 않으셨기 때문입니다.

우리가 찾으려는 정의는 위대합니다. 전쟁은 필요한 것이며, 무력 외에 다른 희망이 없을 때 무력은 신성합니다. 우리의 뜻은 위대하며, 위대한 뜻이 있는 곳에 역경은 큰 문제가 되지 않을 것입니다. 전하께서 제가 위에서 열거한 사람들의 발자취를 따라가기만 한다면 말입니다. 신께서도 예시를 통해 당신의 뜻을 드러내셨습니다. 바다가 갈라지고, 구름이 길을 인도하는가 하면, 바위에서 물이 솟아오르고, 하늘에서 만나가 비처럼 쏟아졌습니다. 이 모든 표징이 전하의 위대하신 과업을 지지하는 것으로 여겨집니다. 그러니 이제 남은 것은 전하께서 하셔야 합니다. 신은 모든 일을 홀로 완성하지 않으십니다. 인간의 자유 의지와 그에 따르는 우리 몫의 영광을 빼앗지 않겠다는 뜻일 것입니다.

위에 언급된 인물 중 누구도 전하의 걸출한 가문이 하게 될 일들을 이루지 못했다는 것은 전혀 이상한 일이 아닙니다. 수많은 변혁과 전투를 겪는 동안 이탈리아는 늘 군사적 역량이 소진된 것처럼 보였던 것도 의아해할 일이 아닙니다. 이는 모두 옛 제도가 나빴던 탓이었으며, 새로운 제도를 창안할 수 있는 사람이 없었던 탓이었습니다. 신흥 군주가 되어서 새로운 법률을 제정하고 체제를 세우는 일보다 더 영예로운 일은 없을 것입니다. 새 법률과 체제가 안정되어 그 효력을 발휘하면 군주는 존경과 칭송을 받습니다. 오늘날 이탈리아에는 국정 전반에 걸쳐 그러한 업적을 세울 기회가 얼마든지 있습니다.

우두머리들에게서는 용맹함을 찾아볼 수 없지만 민중에게는 있습니다. 그들의 결투나 백병전을 유심히 살펴보십시오. 이탈리아인들의 힘과 민첩함, 재능은 놀라울 정도로 우수합니다. 하지만 군대라는 조직에 들어오면 그런 모습이 보이지 않습니다. 이러한 문제는 사령부의 역량 부족에서 비롯됩니다. 능력 있는 자들은 복종하지 않고 각자 자기가 잘났다고 생각하는 것 같은데, 이제껏 역량 면에서도 운세로도 그들이 복종할 만큼 특출난 지도자가 없었습니다. 오랜 세월 그래 왔기 때문에 지난 20년간 수많은 전투에 임하면서도 이탈리아 군인들로만 조직된 군대는 항상 좋은 성과를 거두지 못했습니다. 그 첫 번째가 타로의 전투였고, 그 후에 이어지는 알레산드리아, 카푸아, 제노바, 바일라, 볼로냐, 메스트레 전투들이 이를 입증합니다.

전하의 빛나는 가문이 나라를 구한 위대한 인물들의 발자취를 따르고자 한다면 무엇보다도 모든 원정 사업의 근간이 되는 전하의 군대를 가져야 할 것입니다. 자기 군대보다 더 충실하고 믿음직스러우며 유능한 군대는 없기 때문입니다. 개별적으로도 모두 유능하겠지만, 군주가 직접 이끌어주고 인정해주며 재정적으로 뒷받침해줄 때, 그들은 전체로서 더 큰 힘을 발휘할 것입니다. 그러므로 자기 군대를 양성해서 외적이 쳐들어왔을 때 이탈리아의 용맹함으로 맞서야 합니다.

스위스와 스페인의 보병이 만만찮다고 알려졌지만, 둘 다 약점을 가지고 있습니다. 그러므로 제삼의 체제를 도입한다면 그들과 맞설 수 있을 뿐 아니라 물리칠 수도 있을 것입니다. 스페인인들은 기병대에 맞서지 못하고, 스위스인들은 보병대와 근접전을 벌여야 할 때 두려워합니다. 그러다 보니 지금까지 스페인인들은 프랑스 기병대에 맞서지 못했고, 스위스인들은 스페인 보병에 의해 점령당했으며, 이는 앞으로도 그럴 것입니다. 후자에 대해서는 확실하게 말할 수 없지만, 라벤나 전투에서 어느 정도 입증되기는 했습니다. 스페인 보병대가 독일의 군대를 맞아 싸우게 되었는데, 그때 독일군이 스위스군과 같은 전술을 썼던 것입니다. 방패를 든 스페인군은 민첩한 동작으로 독일 보병의 창 사이로 들어가 위험을 피하여 공격할 수 있었고 독일군은 이에 대해 손을 쓸 수 없었습니다. 기병대가 달려오지 않았더라면 독일군은 전멸했을지도 모릅니다. 이제 두 보병대의 결점을 알았으니, 기병대에 맞설 수 있고 보병대와의 근접전을 두려워하지 않을 수 있는 새 군대를 양성할 수 있습니다. 그렇다고 전혀 새로운 군사 체제를 만들 필요는 없고, 기존의 군대를 변형하면 될 것입니다. 이렇게 개선된 군대는 신흥 군주에게 존경과 위엄을 안겨줄 것입니다.

이탈리아가 마침내 구원자를 만날 기회를 이대로 흘려보내서는 안 됩니다. 외세의 횡포로 고통받던 지역 주민들이 그 구원자에게 보낼 존경과 애정은 차마 형언할 수 없을 정도일 것입니다. 복수를 향한 그 간절한 목마름과 집요한 믿음, 헌신적인 충성과 눈물은 누구도 감히 표현할 수 없을 것입니다. 어느 누가 그런 군주에게 마음을 열지 않겠습니까? 누가 그에게 복종하기를 거부하겠습니까? 누가 그를 시기하여 방해하겠습니까? 누가 그에게 경의를 표하지 않겠습니까? 야만적인 지배자의 횡포가 온 나라에 악취를 퍼뜨리고 있습니다. 그러니 전하의 빛나는 가문이 용기와 희망으로 이 정당한 과업을 맡아주셔야 합니다. 전하의 깃발 아래 우리의 조국이 숭고해지고, 전하의 영도 아래 페트라르카의 시구가 이 나라에서 실현될 수 있게 해 주셔야 합니다.

> 용맹이 광포에 맞서 무기를 들었네.
> 전투가 시작되면 광포는 달아나리.
> 옛 로마의 용맹이 죽지 않았으며,
> 이탈리아의 열정도 꺼지지 않았으니.

발렌티노 공작이 비텔로초 비텔리,
페르모의 올리베로토, 파골로 경,
그라비나의 오르시니 공작을 처형한 방법에 관한 서술

　　발렌티노 공작은 롬바르디아에 가서 프랑스 왕을 만나고 이몰라로 돌아왔다. 그가 프랑스 왕을 만나러 갔던 이유는 피렌체인들이 그를 모함한 일에 관해 해명하기 위해서였다. 피렌체인들은 그가 아레초를 비롯한 발 디 키아나의 여러 마을에서 반란을 일으켰다고 주장했다. 발렌티노 공작은 이몰라를 점령하여 로마냐 공국의 원점으로 삼고자 했으므로, 그곳에서 군대를 이끌고 볼로냐의 폭군 조반니 벤티볼리오를 향해 진격할 생각이었다.

　　이러한 계획이 비텔리와 오르시니를 비롯해 그 추종자

들에게 알려지자, 이들은 발렌티노 공작의 세력이 너무 커진다는 우려를 하게 되었다. 공작이 볼로냐를 차지하고 나면 그다음에는 그들을 차례로 무너뜨리고 이탈리아의 최강자가 될 것이기 때문이었다. 이 문제를 의논하기 위해 페루자에 있는 마조네라는 곳에서 긴급 회동이 결정되었고, 추기경 파골로와 그라비나의 오르시니 공작, 비텔로초 비텔리, 페르모의 올리베로토, 페루자의 폭군 잔파골로 발리오니, 시에나의 군주 판돌포 페트루치가 참석했다. 여기서 참석자들은 발렌티노 공작의 세력과 역량을 이야기하면서 그의 야심을 견제하지 않으면 나머지 국가의 몰락을 초래할 수도 있다는 데 의견을 모았다. 또한 벤티볼리오를 버리지 않을 것이며, 피렌체를 자기들 편으로 끌어들이기 위해 노력하기로 했다. 그런 다음 부하들을 곳곳에 보내서 원조를 약속하거나 용기를 북돋우면서 힘을 합하여 공공의 적에 대항하자고 촉구했다. 이 회합에 관한 소식은 일시에 이탈리아 전역으로 퍼져나갔고, 우르비노인들을 비롯해서 공작에게 불만을 품은 사람들은 혁명이 일어날지도 모른다는 희망을 품게 되었다.

상황이 이렇게 되자 조급해진 몇몇 우르비노인들은 공작이 머물기로 되어 있는 산 레오의 요새를 장악하기로 하고 다음과 같은 계획을 세워 공략했다. 성주가 요새에 바윗덩 이들을 더 쌓아 보강하고 목재를 실어 오는 모습을 지켜보던 음모자들은 목재가 다리 위를 지나는 순간 다리 위로 뛰어들어 성안으로 들어갔다. 목재의 무게 때문에 다리를 들어 올려 성문을 닫을 수 없는 순간을 노린 것이다. 요새를 장악하자 전국에서 반란이 일기 시작하고, 옛 군주가 다시 돌아왔다. 요새를 점령했다는 사실보다는 마조네 회담에서 이들을 지원하기로 했다는 사실에 용기를 얻은 것이다.

우르비노 반란 소식을 들은 사람들은 그 기회를 놓칠세라 군대를 조직해서 아직 공작의 세력 안에 들어 있는 도시들을 탈환했다. 그리고 피렌체에 재차 사람을 보내서 공공의 적을 제압하는 데 감수해야 하는 위험이 줄어들었으니 이런 기회를 놓치지 말자고 설득하면서 힘을 합할 것을 간청했다.

하지만 여러 가지 이유로 비텔리와 오르시니를 증오한 피렌체인들은 그들과 동맹을 맺지 않았을 뿐 아니라, 발렌티노 공작에게 마키아벨리를 사절로 보내서 그에게 은신처를 제공하고 그를 돕도록 했다. 그즈음 공작은 이몰라에서 잔뜩 두려움에 싸여 있었다. 자기 군대가 한순간에 적의 손으로 넘어갔으며, 성문 밖에서 전쟁이 벌어지고 있는데 그에게는 무장 병력이 없었기 때문이다. 그러다가 피렌체의 지원으로 용기를 되찾은 공작은 남아 있는 소수의 병력으로 싸우는 것보다는 화해와 협상을 통해 시간을 벌면서 지원군을 확보하는 것이 좋겠다고 판단했다. 지원군 확보를 위해서는 두 가지 방법을 시도했는데, 하나는 프랑스의 왕에게 사람을 보내서 군대 지원을 요청한 것이고, 또 하나는 돈을 지불하고 중기병을 비롯한 병사들을 모집해서 기마대로 전환하는 방법이었다.

그러는 동안에도 그의 적은 점점 다가와 포솜브론에 이르렀다. 그곳에서 공작의 부하들을 마주쳤고, 오르시니와 비텔리의 도움으로 그들을 궤멸시켰다. 이 일이 있고 나서 공작은 화해를 제안함으로써 신속하게 상황을 종료하기로 하고, 음모자들에게 이번 반란으로 차지한 것은 무엇이든 각자의 몫으로 인정할 것이며, 자신은 군주의 지위 하나로 충분하니 각자의 영토 역시 그들의 것으로 인정할 것임을 알렸다. 뛰어난 전략가였던 공작은 완벽하게 자신의 진심을 숨기고 음모자들을 회유하는 데 성공했다.

공작의 제안을 받아들인 음모자들은 협상을 위해 파골로 경을 공작에게 보내고, 군사작전을 멈추었다. 하지만 공작은 전쟁 준비를 멈추지 않았으며, 기마대와 보병을 정비하는 데 심혈을 기울였다. 그리고 남의 눈에 띄지 않도록 주의하면서 로마냐의 각지에 그의 군대를 분산 배치했다. 그러는 동안 500명의 프랑스 용병이 도착하면서 적을 맞아 싸울 수 있는 충분한 군사력이 확보되었지만, 그들보다 한발 앞서가는 것이 안전하다고 생각한 그는 화해를 위한 노력을 중단하지 않았다.

이렇게 해서 공작은 상황을 평화롭게 평정하고 음모자들과 화합을 이룰 수 있었다. 공작은 그들 각자에게 돈을 주고, 벤티볼리오를 해치지 않겠다고 약속했으며, 조반니와는 동맹을 맺었다. 그러면서도 공작은 그들에게 자기를 만나러 올 것을 강요하지 않았으며, 오직 스스로 마음이 내킬 때 오도록 했다. 한편 음모자들은 우르비노의 영지와 그 밖에 그들이 장악하고 있던 영토를 공작에게 돌려주어 그의 원정 사업에 보탬이 되도록 할 것이며, 공작의 허락 없이는 다른 나라와 전쟁하거나 동맹을 맺지 않을 것을 약속했다.

이렇게 협상이 이루어지자 우르비노의 공작인 구이도발도는 영지 내에 있는 모든 요새를 허물고 또다시 베네치아로 피신했다. 신민의 충성심을 믿었던 우발도는 자기가 요새를 방어하지 못하고 공작의 손에 넘어가게 하는 것보다는 허물어버리는 것이 나을 것이며, 그의 우호 세력을 위해서도 그 편이 더 안전하겠다고 생각했다. 하지만 협상을 마무리 짓고 군사들도 로마냐 전역에 배치한 발렌티노 공작은 11월 말에 이몰라를 향해 출발했다. 이 원정에는 프랑스의 중기병들도 포함되어 있었다. 공작은 체세나로 향했고, 그곳에서 비텔리와 오르시니의 사절들과 협상하기 위해 머물렀다. 사절단은 원정에 참여할 군사들을 이끌고 우르비노 영지에 머물고 있었다. 하지만 아무런 결론이 나오지 않자, 사절단은 페르모의 올리베로토를 공작에게 보내서 공작이 토스카나 원정을 감행하고자 한다면 자기들은 준비가 되어 있으며, 그렇지 않다면 세니갈리아를 포위하겠다는 제안을 전했다. 이에 대해 공작은 토스카나와 전쟁을 벌이고 피렌체와 적대 관계로 들어가지는 않을 것이며, 세니갈리아를 향해 진격할 것이라는 뜻을 전했다.

공격이 시작되고 오래되지 않아 세니갈리아는 항복했다. 하지만 요새만큼은 쉽게 탈환할 수 없었다. 성주가 끝까지 성을 내주지 않으면서 발렌티노 공작이 직접 요새로 찾아오면 넘겨줄 것이라고 버텼기 때문이다. 이런 상황이 공작에게는 아주 좋은 기회였다. 스스로 원해서가 아니라 성주의 초대를 받아서 들어간다면 의심받을 일이 없을 것이기 때문이었다. 성주를 안심시키기 위해서 공작은 롬바르디에 함께 있던 프랑스 중기병 중 그의 처남인 칸달레스 주교가 이끄는 100명만을 남기고 모두 떠나도록 했다. 그리고 12월 중순 체세나에서 출발해서 파노로 향했다. 동시에 교활하고도 영리하게 비텔리와 오르시니를 설득해서 세니갈리아로 가서 그를 기다리도록 했다. 그러면서 자기 말을 따르는 데 조금이라도 소홀하면 화해의 진정성과 영속성을 의심할 것이며, 자기는 지금 우방의 무력과 조언이 필요하다고 했다. 하지만 비텔로초는 공작의 말에 따르려 하지 않았다. 그의 형의 죽음을 통해, 일단 군주를 배신한 후에는 다시 그를 신뢰하지 말아야 한다는 교훈을 얻었기 때문이었다. 그렇기는 하지만 발렌티노 공작으로부터 뇌물을 받고 이미 회유되었던 파골로 오르시니의 설득에 넘어가 공작의 제안대로 그를 기다리기로 했다.

1502년 12월 30일, 공작은 파노를 떠나기 전에 그가 가장 신뢰하는 부하 여덟 명에게 그의 계획을 알렸는데, 그중에는 돈 미켈레와 나중에 추기경이 된 데우나 몬시뇰도 있었다. 공작은 이들에게 명령하기를, 비텔로초와 파골로, 오르시니, 디 그라비나 공작, 올리베로토가 도착하면 부하들이 두 명씩 짝을 지어 이들을 한 명씩 맡아서, 공작 일행이 세니갈리아에 도착할 때까지 흥을 돋워 주라고 했다. 그리하여 그들을 체포할 예정인 공작의 접견실에 모이기 전에 절대로 그곳을 떠날 수 없게 하라고 명했다.

그런 다음 공작은 이천 명이 넘는 기병대와 만 명이 넘는 보병대 전원에게, 동이 틀 때 파노에서 5마일 거리에 있는 메타우로 강가에 모여서 그를 기다리라고 명했다. 그리하여 12월 마지막 날 메타우로 강가에 군대를 집결시킨 공작은 이백여 명의 기병대 행렬을 앞세우고 그 뒤로 보병대, 그 뒤로 나머지 중기병들을 정렬시키고 진군을 시작했다.

파노와 세니갈리아는 아드리아해 연안에 있는 라마르카 지방의 두 도시로, 서로 15마일 정도 거리에 있었다. 세니갈리아를 향해 가는 동안은 오른편에 산맥이 이어지는데 산 바로 아래까지 바닷물이 닿는 곳들도 있었다. 산 아래서 세니갈리아까지는 화살을 쏘면 닿을 거리였으며 해안선에서는 1마일 거리였다. 도시 반대편으로는 작은 강이 흐르고 있었는데, 대로를 끼고 파노를 바라보는 벽의 밑부분은 강물에 잠겨 있었다. 그래서 세니갈리아로 가려면 산을 따라 나 있는 길가에 펼쳐진 너른 강변을 지나 강에 이르게 되어 있었다. 세니갈리아를 지나 흐르는 이 강을 끼고 왼쪽으로 돌아 화살이 닿을 만한 거리만큼 가면 강을 건너는 다리에 이르는데, 그러면 세니갈리아로 들어가는 성문에 거의 다다른 것이다. 거기서부터 성문까지는 구불구불한 길로 이어져 있다. 성문 앞에는 네모난 집들이 모여 있는데 강둑이 그 집들의 한쪽 벽을 대신하고 있다.

공작을 기다리다가 영예롭게 그를 맞으라는 명령을 받은 비텔리와 오르시니는 세니갈리아에서 반경 6마일 정도 거리에 있는 성들에 부하들을 보내서 공작 일행을 위한 숙소를 마련했다. 그런 다음 올리베로토만 보병 1천 명과 기마병 150명을 거느리고 세니갈리아의 교외에 남게 했다. 이렇게 준비가 끝나자 발렌티노 공작이 세니갈리아로 향했다. 기마병의 대장들은 다리 위에 이르자 일부는 강 쪽으로 다른 일부는 길 쪽으로 나뉘어 다리 위에 정렬했고, 그 사이를 보병대가 지나 곧장 마을로 들어갔다.

노새를 탄 비텔레초와 파골로, 디 그라비나 공작은 몇 명의 기마병만 거느리고 공작 앞으로 나갔다. 비텔레초는 초록빛 가두리를 한 망토를 걸치고 있었으며, 무기는 지니지 않은 상태였다. 다가오는 죽음을 예감한 듯 실의에 빠져 있었는데, 역량을 지닌 한 남자의 운이 다한 그 모습이 일종의 애잔한 감동을 자아냈다. 그는 공작을 만나러 오기 위해 집을 떠날 때도 마치 마지막 길에 오르는 사람처럼, 그의 저택과 재산을 대장들에게 나눠 주고, 조카들에게는 "너희는 가문의 재산보다도 조상의 덕을 마음에 새기고 살라"고 타일렀다고 한다. 그렇게 해서 세 사람은 공작보다 먼저 도착했으며, 예를 갖추어 그를 접견했다. 그런 다음 그들은 접대하기로 배정된 공작의 사람들에게 인도되었다.

하지만 공작은 세니갈리아 강가에 군대와 함께 남아 있는 올리베로토가 보이지 않는다는 사실을 바로 알아차리고, 그를 접대하기로 되어 있던 돈 미쉘에게 눈짓으로 신호를 보내, 올리베로토가 빠져나가지 못하게 조치하라고 지시했다. 이즈음 올리베로토는 강가에 있는 광장에서 군사 훈련을 시키며 기다리고 있었다. 지시를 받은 돈 미쉘은 곧장 말을 타고 올리베로토가 있는 곳으로 갔다. 그러고는 올리베로토에게 부하들을 숙소 밖에 머물게 하면 공작의 부하들이 해칠 수도 있으니 위험하다면서 신속히 부하들을 숙소로 보내고 공작을 만나러 가는 것이 좋을 것이라고 귀띔해 주었다. 올리베로토는 그의 말대로 공작이 있는 성으로 왔다. 공작은 올리베로토를 맞아들였고, 올리베로토는 공작에게 예를 갖추어 절을 한 뒤 먼저 와 있던 사람들과 합류했다.

이렇게 해서 전원이 세니갈리아에 도착했고, 공작의 숙소에 모였다. 그리고 비밀의 방으로 유인되어 체포되었다. 그런 다음 공작은 올리베로토와 오르시니의 부하들에게 병기를 모두 내려놓으라고 명령했다. 올리베로토의 부하들은 곧장 시키는 대로 했다. 하지만 좀 더 멀리 있었던 오르시니와 비텔리의 부하들은 자기들의 대장이 살해될 것임을 직감하고 방어 태세를 취할 수 있었으며, 오르시니와 비텔리 가문의 용맹성과 전통을 이어받도록 훈련된 병사들은 하나로 단결하여 화를 면할 수 있었다.

하지만 올리베로토의 부하들을 약탈한 것으로는 성에 차지 않았던 공작의 부하들은 세니갈리아의 마을을 약탈하기 시작했다. 공작이 나서서 군사 몇 명을 처형하고 이 광적인 횡포를 진압하지 않았더라면 세니갈리아 전체가 피해를 보았을 것이다. 밤이 되어 소요가 가라앉자, 공작은 비텔로초와 올리베로토를 살해할 준비를 했다. 그리고 그들을 방으로 데리고 들어가 목을 졸랐다. 비텔로초와 올리베로토는 그때까지 살아오면서 보여주었던 각자의 품격을 완전히 내려놓고 애원했다. 비텔로초는 자신의 모든 죄를 용서해 달라고 애원했으며, 올리베로토는 공작을 해하려던 모든 계획을 비텔로초의 탓으로 돌렸다. 파골로와 그라비나의 오르시니 공작은 일단 살려두었다. 로마에 있는 교황으로부터 피렌체의 대주교 오르시노 추기경과 산타 크로체의 야코포 사절을 체포했다는 연락이 올 때까지 기다린 것이었다. 그러다가 1502년 1월 18일, 마침내 로마에서 소식이 왔고, 두 사람도 피에베에 있는 성에서 같은 방법으로 목이 졸려 죽었다.

1469년	5월 3일, 이탈리아 피렌체에서 태어나다.
1476년	라틴어를 비롯한 기초 교육을 받기 시작하다.
1498년	피렌체 공화국 제2 서기국의 서기로 임명되다.
1502년	추기경 체사레 보르자에게 처음 파견되다.
1506년	교황 율리우스 2세에게 파견되어, 페루자와 볼로냐를 공격하기 위한 교황의 원정에 동행하다.
1512년	제2 서기국의 서기 직위에서 해임되다.
1513년	메디치 가문에 대항하려는 음모에 연루되어 고문을 당한 뒤 투옥되다.
	석방 후, 피렌체 남쪽의 작은 마을에서 집필 활동에 몰두하다.
1517년	메디치 가문에 《군주론》을 헌정하다.
1519년	《로마사 논고》를 집필하다.
1527년	병상에서 세상을 떠나다.

훔치고 싶은 리더들의 경영수업

처세술과 인간 심리의 바이블

초판 1쇄 인쇄 2025년 1월 17일
초판 1쇄 발행 2025년 1월 24일

지은이 니콜로 마키아벨리
옮긴이 민지현
펴낸이 이효원
편집인 강산하
마케팅 추미경
디자인 페이퍼컷 장상호(표지), 이수정(본문)
펴낸곳 탐나는책
출판등록 2015년 10월 12일 제2021-000142호
주소 경기도 고양시 덕양구 삼송로 222, 101동 305호(삼송동, 현대헤리엇)
전화 070-8279-7311   **팩스** 02-6068-0834
전자우편 tcbook@naver.com

ISBN 979-11-94381-17-4 03160